부모은중경

우리말 독송 사경본

부모은중경

원순 역해

도서
출판 법공양

이 세상의 모든 부모님께
몸과 마음을 바쳐 이 공양을 올립니다.

【삼귀의】

귀의불 양족존 歸依佛 兩足尊	거룩한 부처님께 귀의합니다.
귀의법 이욕존 歸依法 離欲尊	성스런 가르침에 귀의합니다.
귀의승 중중존 歸依僧 衆中尊	청정한 스님들께 귀의합니다.

【칠불통계】

제악막작 諸惡莫作	오늘도 나의 허물 되돌아보며
중선봉행 衆善奉行	맑고도 향기로운 삶을 살면서
자정기의 自淨其意	하늘 빛 푸른 소원 참마음으로
시제불교 是諸佛敎	부처님 가르침을 꽃피우소서.

【사홍서원】

중생 무변 서원도 衆生 無邊 誓願度	중생을 다 건지오리다.
번뇌 무진 서원단 煩惱 無盡 誓願斷	번뇌를 다 끊으오리다.
법문 무량 서원학 法門 無量 誓願學	법문을 다 배우오리다.
불도 무상 서원성 佛道 無上 誓願成	불도를 다 이루오리다.

* 팔관재계는 십재일인 매달 음력 1일, 8일, 14일, 15일, 18일, 23일,
  24일, 28일, 29일, 30일에 받아 지녀
  부처님의 복덕과 지혜를 닦아나가는 방편이다.

  십재일은 나쁜 기운이 드세어 사람의 몸을 해치고 마음을 어지럽힌다.
  그러므로 부처님께서는 여덟 가지 계와 한낮이 지나면 음식을 먹지 않는
  재법齋法으로 모든 중생이 복덕과 지혜를 길러 세상의 괴로움에서 벗어나게 하였다.

  팔관재계八關齋戒의 '관關'은 허물이 일어나지 않게 막는 것이요, '재齋'는 맑고 깨끗한
  삶이며 '계戒'란 지켜야 할 것을 말한다. 여덟 가지 계를 잘 지키면 '맑고 깨끗한 삶'의
  뿌리가 저절로 형성된다.

【팔관재계】

하루 낮 하룻밤 동안

한낮이 지나면 먹지 않는 '맑고 깨끗한 삶'을 살아야 합니다.

하루 낮 하룻밤 동안

1. 중생의 생명을 빼앗지 않고 '자비로운 삶'을 살아야 합니다.

2. 도둑질하지 않고 '마음이 넉넉한 삶'을 살아야 합니다.

3. 삿된 관계를 맺지 않고 '행복한 삶'을 살아야 합니다.

4. 거짓말하지 않고 '진실한 삶'을 살아야 합니다.

5. 술을 마시지 않고 '지혜로운 삶'을 살아야 합니다.

하루 낮 하룻밤 동안

6. 향수나 꽃으로 몸을 꾸미지 않고 '편안한 삶'을 살아야 합니다.

7. 춤이나 노래로 마음이 들뜨지 않고 '고요한 삶'을 살아야 합니다.

8. 높은 자리에 앉지 않고 '마음을 비우는 삶'을 살아야 합니다.

불기   년   월   일   수계 행자 :   정례(頂禮)

부모님의 깊은 은혜

"부모님이 안 계시니, 허기진 것처럼 늘 마음이 허전합니다. 이제 와 보니 부모님은 저에게 '따듯한 밥 한 공기'와 같은 분들이셨습니다."

어느 분이 어머님을 여의고 그 빈자리를 이와 같은 글로 남겼던 것이 떠오릅니다. 암 투병으로 무척이나 고통스러워하시던 어머니셨지만, 그래도 곁에 계실 때가 행복했다는 것을 보내드리고 난 뒤에서야 알았다고 합니다.

정말 소중한 부모님의 은혜를 잊고 사는 것이 우리네 모습이 아닐까 싶습니다. 그러므로 부처님께서 '부모은중경'을 설하시며 부모님 은혜에 감사하며 지극 정성으로 모시라고 말씀하셨겠지요.

부모님을 섬기는 것은 인간의 기본 도리입니다. 부처님께서 설한 오계, 십계, 팔관재계도 이를 뛰어넘지 못합니다. 부모님께 효도하는 아름다운 모습으로 살아간다면, 맑고 깨끗한 삶의 뿌리가 저절로 형성되고 부처님 세상으로 가는 공덕이 넘쳐흐르게 될 것입니다. 이런 공덕이 없다면 이번 생에 제아무리 화두 들고 염불하며 수행

한다 한들 깨달을 기약이 없을 것입니다.

부모님께 효도하는 법을 가르쳐 주는 '부모은중경'은 부모님의 은혜를 갚게 하고, 지옥의 고통에서 벗어나 행복한 세상으로 가는 길을 환하게 열어 보여주니, 이 경을 독송하면 독송할수록 믿음이 커지고 기뻐하는 마음이 절로 날 수밖에 없습니다.

이 '부모은중경 우리말 독송 사경본'에는 독송과 사경을 함께 묶었습니다. 부모님의 깊은 은혜를 잊지 말고 갚아야 한다는 부모은중경의 자비로운 가르침을 받아 지녀 읽고 외우고 사경을 하다 보면, 어느새 금빛으로 물들어 가는 마음속에서 행복한 미소를 짓고 계신 부모님과 기쁜 마음으로 함께하고 있을 것입니다.

우리는 모든 것을 아낌없이 베푸는 부모님의 깊은 은혜를 잊지 않고, 소박하고 여법한 삶으로 부모님을 잘 모시고 살아야 합니다. 부모은중경의 가르침으로 이런 삶을 살 수 있다면, 모든 부처님이 수기하고 삼세 모든 부처님과 불법을 보호하는 하늘의 천신들이 늘 우리 곁에 함께 할 것입니다.

끝으로 이 경과 인연을 맺은 모든 불자에게, 부모은중경 불사(佛事)에서 나오는 온갖 공덕을 지극한 마음으로 회향하옵니다.

부모님께 효도하여 은혜를 갚고
아름답고 깨끗한 삶 살아간다면
세세생생 그 공덕은 끝이 없으니
우리 모두 행복한 삶 살게 되리라.

이 가르침 읽고 외워 베껴 쓰면서
부처님의 마음자리 닦아나가니
다른 생각 전혀 없는 오직 한마음
그 자리서 깨달음을 얻게 되리라.

부모님의 깊은 은혜 잊지 않고서
삼세 모든 부처님을 섬기고 살며
지극 정성 뭇 성현께 공양 올리니
우리 모두 극락정토 들어가리라.

2023년 6월 8일
실상사 구산선문(九山禪門) 인월행자 두 손 모음

차례

❰ 송경의식 ❱

○ 정淨 구업 진언[1]

수리수리 마하수리 수수리 사바하 (3번)

○ 오방내외五方內外 안위제신安慰諸神 진언[2]

나모 사만다 못다남

옴 도로도로 지미 사바하 (3번)

개경開經 게偈[3]

無上甚深 무상심심	微妙法 미묘법	수승하고 깊고 깊은 오묘하고 미묘한 법
百千萬劫 백천만겁	難遭遇 난조우	백천만겁 살더라도 만나 뵙기 어려우니
我今聞見 아금문견	得受持 득수지	제가 이제 듣고 보고 부처님 법 받아 지녀
願解如來 원해여래	眞實意 진실의	부처님의 진실한 뜻 깨닫기를 원합니다.

○ 개開 법장 진언

옴 아라남 아라다 (3번)

---

1. 입으로 지은 업을 정화하는 진언이다.
2. 위아래 사방팔방 주변의 모든 신을 편케 하는 진언이다.
3. '개경 게'는 경전을 펼치는 게송이며, '개 법장 진언'은 법의 곳간을 여는 진언이다.

부모은중경

독송편

1. 이 경을 설하게 된 인연

이와 같은 가르침을 저는 들었습니다.

부처님께서 사위국 기수급 고독원에서 이천오백 명의 비구와 삼만 팔천 명의 보살과 함께 지내실 때였습니다.

그때 세존께서 대중과 함께 남쪽으로 내려가다 길가에 한 무더기로 쌓여 있는 말라버린 유골을 보자, 그곳을 향하여 두 손 모아 합장한 채 정중하게 예를 올렸습니다.

이 모습을 보고 깜짝 놀란 아난존자가 부처님께 사뢰었습니다.

"세존이시여, 여래는 모든 중생을 이끌어 주시는 스승이요, 어진 아버지와 같은 분이며, 온갖 사람이 공경하고 귀의하는 분인데, 무슨 인연으로 저 마른 유골 더미에 예를 올리시는 것입니까?"

2. 어머니의 마른 뼈는 옅은 회색을 띠고

"그대들은 나의 으뜸가는 제자들로 출가한 지 오래되었는데 아는 것이 많지 않구나. 이 한 무더기 유골들은 전생에 나의 조상이었거나, 오랜 세월 수많은 삶 속에서 나의 부모였을지도 모르기에 지금 내가 예를 올리는 것이다. 그대는 이 마른 유골들을 두 종류로 분류해 보아라. 남자의 뼈라면 희고 무거울 것이며, 여자의 뼈라면 옅은 회색을 띠고 가벼울 것이다."

"세존이시여, 세상에서는 도포에 띠를 두르고 비단 모자와 관복을 입은 사람은 남자인 줄 알고, 얼굴에 붉은 연지를 찍고 향수를 뿌려 예쁘게 단장한 사람은 여자인 줄 바로 알 수 있습니다. 하지만 사람의 몸이 썩고 남은 뼈는 똑같은 모습인데, 어떻게 남자의 뼈인지 여자의 뼈인지 저희가 구분할 수 있겠습니까?"

"아난존자여, 생전에 절에 찾아가 부처님의 가르침을 듣고 삼보에 예배를 올리면서 부처님의 명호를 마음에 늘

새긴 남자였다면 그 사람의 뼈는 희고 무거울 것이다.

감성이 많고 모성애가 지극한 속성으로 세간의 여인은 쉽게 사랑에 빠져 아들딸을 낳아 기르는 것을 하늘의 뜻으로 안다. 자식을 낳을 때마다 아기에게 먹여 키우는 젖은 어머니의 피로 만들어지는데, 태어난 아기마다 엄청나게 많은 젖을 먹고 자라나기 때문에, 그 영향으로 어머니는 몹시 야위고 수척해져 그 여인의 뼈는 옅은 회색을 띠고 가벼울 것이다."

이 말을 듣고 뼈저리게 마음이 아픈 아난존자는 눈물을 흘리며 부처님께 "세존이시여, 어머님의 크신 은덕을 어떻게 보답해야 합니까?"라고 물었다.

3. 태아를 품고 사는 어머니의 고통

"그대는 자세히 들어라. 태아를 품고 어머니가 열 달 동안 겪어야 하는 극심한 고통을 말하여 주리라.

어머니 몸에 들어간 첫째 달 태아의 모습은, 새벽에 생겨나 햇볕에 금방 사라지는 풀잎 위에 맺힌 아침이슬 같은 형상이고, 둘째 달은 연한 우유가 아주 얇은 막으로 응어리진 모습이며, 셋째 달은 피가 엉긴 모습이다.

넷째 달에 태아는 사람의 형상을 점차 띠기 시작하여, 다섯째 달에 머리와 두 팔 두 다리를 가진 사람의 모습이 나타나며, 여섯째 달에 눈, 귀, 코, 혀, 감각을 느끼는 몸과 알음알이를 내는 감각기관이 형성된다.

일곱째 달에 삼백육십 뼈마디와 팔만 사천 모공이 생기고, 여덟째 달에 분별하는 의식이 생기면서 몸에 눈구멍 두 개, 귓구멍 두 개, 콧구멍 두 개, 입 구멍 한 개, 앞과 뒤로 똥오줌 구멍 한 개씩 아홉 개의 모습이 뚜렷해진다.

아홉째 달에 태아는 어머니가 섭취한 과일과 채소와 온갖 곡식에서 나오는 깨끗하고 순수한 영양분을 받아들이기 시작한다. 그러면서 태아는 어머니 몸속에서 발이 위로 향하고 머리가 아래로 향하는 거꾸로 매달린 자세를 하고 있다. 태아를 싸안은 태반(胎盤)의 모습이 땅에서 솟은 산의 모습과 같은데, 이를 수미산이요 업산(業山)이며 혈산(血山)이라고도 한다. 이것의 한 곳이 뚫려 한 가닥 기다란 탯줄이 만들어지고, 이곳을 통하여 어머니 핏속에 있는 양분이 태아에게 자양분으로 전해진다.

열째 달이 되면 태아는 온전한 아기의 모습으로 세상에 태어난다. 이때 효도하고 말을 잘 들을 착한 아이는 두 주먹을 모아 합장하고 편안한 모습으로 어머니의 몸을 상하지 않게 하고 태어나 어머니에게 고통을 주지 않는다. 하지만 오역죄를 지을 자식이면 어머니 태를 찢으면서 팔로는 어머니의 심장과 간장을 아플 정도로 치고, 발로는 사타구니 뼈를 밟고 버티면서 천 개의 칼로 뱃속을 휘젓고 만 개의 칼로 심장을 도려내는 것 같은 고통을 준다. 어머니는 이런 갖은 고통을 견디고 나서야 아이를 낳게 된다."

4. 부모님의 열 가지 은혜

"이렇게 태어난 아이에게는 열 가지 어머님의 은혜가 스며 있다.

첫째는 태 안에 품은 아기를 지켜주고 보호하여 주신 은혜이고, 둘째는 아기를 낳을 적에 온갖 고통을 감내해 주신 은혜이며, 셋째는 이런 고통 속에서도 무사히 자식을 낳으면, 그동안의 근심 걱정을 다 잊어주신 은혜이다.

넷째는 쓴 음식은 삼키고 단 음식은 뱉어 아기에게 먹여 주신 은혜이고, 다섯째는 젖은 자리 마른자리 갈아주신 은혜이며, 여섯째는 젖을 물려 길러주신 은혜이다.

일곱째는 몸과 옷이 더러워지지 않도록 돌봐 주신 은혜이고, 여덟째는 자식이 먼 길을 떠날 때 무사하기를 바라면서 간절히 기도해 주신 은혜이다.

아홉째는 자식을 위하여 어떤 위험한 일도 마다하지 않고 보호해 주신 은혜이고, 열째는 늙어서 돌아가실 때까지 끊임없이 자식을 애틋하게 챙겨주신 은혜이다."

첫 번째로 어머님의 크신 은혜 말한다면
태 안에서 아기 품고 보호해 준 은혜로세

오랜 세월 전생에서 깊고 깊은 인연으로
이번 생에 다시 와서 그 모태로 들어가니
해가 뜨고 달이 지며 오장 육부 생겨나고
눈 귀 코 혀 알음알이 사십구일 생성되며

일곱 달째 들어가선 태산처럼 커진 배로
행여 아기 잘못될까 찬 바람이 겁이 나며
비단옷도 맞지 않아 걸어둔 채 입지 않고
거울 본 지 오래되어 티끌 먼지 쌓여 있네.

두 번째로 어머님의 크신 은혜 말한다면
뱃속 아기 낳으실 때 고통 참은 은혜로세

태 안에서 아기 품고 기나 긴긴 열 달 동안
온갖 고통 참아내고 아기 낳기 기다리며

기운 없어 하루하루 큰 병이 든 사람처럼
어제오늘 매일 같이 정신 또한 혼미하네.

두렵고도 겁난 마음 그 무엇에 견주오리
근심 섞인 눈물만이 가슴속에 가득하니
슬픔 고인 눈빛으로 친척에게 말하기를
행여 죽음 닥쳐올까 두렵기만 하더이다.

세 번째로 어머님의 크신 은혜 말한다면
아기 낳고 근심 걱정 잊어주신 은혜로세

인자하신 어머님이 품은 아기 낳으실 때
오장육부 찢기는 듯 연한 살을 도려내듯
정신일랑 혼미하여 몸과 마음 다 지치니
흘리신 피 너무 많아 그 모습이 처량한데

갓난아기 건강하단 위로의 말 듣고 나서
반갑고도 기쁜 마음 가슴 벅차오르지만
그 기쁨이 지난 뒤엔 서러운 맘 다시 들며
온갖 산고 아린 마음 여린 몸에 파고드네.

네 번째로 어머님의 크신 은혜 말한다면
쓴맛 단맛 맛을 보고 단것 주신 은혜로세

부모님의 깊은 은혜 저 바다에 비하리오
아끼시고 사랑하는 그 마음이 변치 않네
단것일랑 모두 모아 아기에게 먹이시고
쓴 것 거둬 드시고도 행복하게 웃는 모습

사랑하는 마음 깊어 어려움도 참아내고
그 마음이 깊을수록 걱정 또한 갑절이라
어머님의 일편단심 아기 배를 불림이니
며칠 내내 굶으신들 이를 어찌 마다하리.

다섯 번째 어머님의 크신 은혜 말한다면
젖은 자리 마른자리 갈아주신 은혜로세

어머님은 진자리에 천번 만번 젖더라도
어린 아기 안아 옮겨 마른자리 눕게 하고
양쪽 젖을 번갈아서 아기 입에 물려주며
찬 바람에 추울세라 비단 옷감 덮어주네.

그 아기를 돌보느라 편히 잠 못 이루면서
얼싸안고 두리둥실 얼러주고 달래시니
아기 몸이 편하다면 그 무엇을 마다하리
백옥보다 고운 몸이 망가진들 어떠하리.

여섯 번째 부모님의 크신 은혜 말한다면
품에 안고 젖을 물려 길러주신 은혜로세

어머님의 크신 은혜 넓은 땅에 견주리까
아버님의 엄한 사랑 저 하늘에 비하리까
높고 크신 부모 은공 천지와도 같사오니
제 자식을 사랑하는 부모 마음 다를 손가.

눈과 귀가 없더라도 미워하는 마음 없고
손과 발을 못 쓴대도 싫은 마음 전혀 없어
열 달 품어 낳은 자식 다칠까 봐 얼싸안고
종일토록 아끼면서 곁에 두고 사랑하네.

일곱 번째 어머님의 크신 은혜 말한다면
몸과 옷을 깨끗하게 돌봐 주신 은혜로세

지난날의 고운 얼굴 꽃보다도 화사했고
쓰는 마음 아름답고 솜털처럼 부드러워
어여쁘게 그린 눈썹 버들잎이 부끄럽고
양쪽 볼에 보조개는 홍련보다 아름답다.

깊은 사랑 베푸느라 곱던 얼굴 야위었고
기저귀를 빠시느라 여리던 손 투박하며
아들딸을 가르치는 고생 또한 극심하여
부모님의 젊던 얼굴 주름살만 늘어났네.

여덟 번째 부모님의 크신 은혜 말한다면
먼 길 가는 자식들을 걱정해준 은혜로세

설령 죽어 이별해도 그 고통이 크지마는
살아생전 생이별도 애간장을 녹이는 일
다 큰 자식 집을 떠나 머나먼 길 가게 되면
어머님의 마음 또한 그 자식을 따라가니

밤낮으로 여린 마음 자식만을 생각하며
두 눈에서 쏟은 눈물 천 줄기며 만 줄기라

원숭이의 새끼 사랑 애간장이 타더라도
어버이의 자식 사랑 그보다도 더하여라.

아홉 번째 부모님의 크신 은혜 말한다면
자식 위해 어떤 일도 마다않는 은혜로세

하늘보다 넓고 높은 부모님의 깊은 사랑
무엇으로 그 은덕을 남김없이 갚을 손가
아들딸의 온갖 고생 대신 받길 원하면서
지쳐 있는 그 모습에 부모 마음 편치 않네.

아들딸이 길을 떠나 머나먼 길 가게 되면
잠자리로 고생할까 밤낮으로 애틋한 맘
자식들이 잠시라도 고달픈 삶 살게 되면
어버이의 근심 걱정 끊임없이 이어진다.

열 번째로 부모님의 크신 은혜 말한다면
영원토록 애틋하게 챙겨주신 은혜로세

넓고 깊은 바다 같은 부모님의 크신 은혜

애틋하온 자식 사랑 잠깐인들 쉬오리까
서 있거나 앉았거나 그 마음과 함께하니
멀리 있든 가까이든 한결같은 사랑일세.

나이 드신 부모님이 백 살이나 되었는데
팔십 줄의 아들딸을 끊임없이 걱정하니
부모님의 크신 은공 그칠 날이 그 언제리
이생의 삶 다한 뒤에 그때서야 다할런가.

5. 불효자의 행실과 어버이 마음

부처님께서 말씀하셨다.

"아난존자여, 내가 중생을 보니 사람 됨됨이를 갖추었다고 하나 대다수 마음과 행실이 어리석어 부모님의 큰 은덕을 생각하지 않는다. 부모님을 공경하는 마음이 없어 도리와 은혜를 저버리고, 어질고 인자한 마음이 없어 부모님께 효도하지 않고 그 뜻에 따르지도 않는다.

아기를 태 안에 품고 사는 어머니는 열 달 동안 앉고 서는 것도 불안하여 무거운 짐을 짊어진 것 같고, 음식을 잘 먹지 못해 오랫동안 중병을 앓고 있는 사람과 같다. 해산 일이 되어 아기를 낳을 때는 온갖 고통으로 아기를 낳는 잠깐 사이에도 자칫 죽을까 두려운 마음이 드니, 마치 돼지나 양을 잡을 때처럼 바닥에 흥건하게 피를 흘리게 되기 때문이다.

이런 고통 속에 아기를 낳아 기르면서 쓴 것은 삼키고 단것은 뱉어 아기에게 먹인다. 아이를 품에 안고 몸과 옷을 깨끗하게 보살피며, 더위와 추위를 참고 견디면서 어떠한 고생도 마다하지 않는다.

아기는 마른자리에 눕히고 어머니는 축축한 데서 잠을 자며, 삼 년 동안이나 흰 젖을 먹여가며 정성껏 키우니 아이는 동자가 된다. 청년이 되면 예절과 도의를 가르치고 시집 장가를 보낸 뒤에도 살림살이를 마련하여 도와준다. 이처럼 무거운 짐을 지고 온갖 고생을 하여도, 그 고생을 자식한테 말 한마디를 하지 않는다.

아들딸이 병에 걸리면 놀란 부모님은 근심 걱정에 차 자식의 병을 자신의 병처럼 여기므로, 자식의 병이 나으면 그때야 비로소 부모님의 병도 낫게 된다.

이처럼 기르고 보살피며 어린 자식이 빨리 커 어른이 되기를 바라고 있었건만, 다 자란 자식은 은혜도 모르고 부모의 말을 듣기는커녕 예의도 없이 눈을 부라리고 흘기기만 한다.

부모님의 형제를 속이고 능멸하며, 자기 형제를 때리고 욕하기도 한다. 혈육 간의 정을 헐뜯고 매도하니 예의라고는 조금도 찾아볼 수가 없다. 일찍부터 가르쳤으나 규범을 따르지 않고 부모님의 가르침을 거의 따르지 않는다.

형제간에 함께 약속한 말도 헌신짝처럼 여겨 지키지를 않는다. 바깥출입을 제멋대로 하면서 어른께 조금도 아뢰지 않고, 언행이 방자해져 제 마음대로 일을 처리한다.

부모님이 훈계하고 집안 어른들이 잘못을 타이르나, 어리다고 불쌍해서 감싸주니 점차 자라나서 사나워지고 삐뚤어져, 나중에는 잘못을 일러주어도 고치려 하지 않고 도리어 화를 내고 원한을 품기도 한다.

좋은 벗을 버리고 나쁜 친구만 가까이하며, 못된 버릇이 몸에 젖어 잘못한 일도 옳은 것이라고 착각한다.

다른 사람의 유혹에 빠져 딴 고장으로 달아나게 되니 부모님을 등지고 일가친척과 멀어지기도 한다.

혹 일을 처리하면서 잇속만 챙기는 나쁜 거간꾼이 되거나 이런저런 남의 일에 쓸데없이 끼어드는 시비꾼이 되기도 한다. 그럭저럭 게으르게 살다가 잘못된 결혼이라도 하면, 그것이 걸림돌이 되어 오랫동안 집에 돌아오지 못하기도 한다.

혹은 타향에서 함부로 행동하다가 남의 모함에 빠져 나쁜 일에 연루되어 억울한 형벌을 받고는, 감옥에서 목에 칼을 쓰고 발목에 쇠사슬을 차기도 한다.

혹은 병에 걸려 온갖 고통을 받기도 하고, 감옥에서 굶주리기도 하는데 누구 하나 돌봐 주는 사람이 없다. 사람들에게 미움과 천대를 받고 길거리로 쫓겨나 죽게 되어도 누구 한 사람 구해주거나 치료해 주는 사람이 없다. 죽은 뒤에는 시체가 썩어 부풀고 문드러지다 강한 햇볕과 바람에 백골이 되어 이리저리 굴러다니기도 한다.

타향에서 살아가니, 친척을 만나 기뻐할 일도 사라지고, 자비로운 부모님의 은혜를 저버린 채 늙으신 부모님의 근심과 걱정을 조금도 알지 못하고 산다.

부모님은 자식 걱정으로 피눈물을 흘리면서 눈이 멀기도

하고, 혹은 너무 애통하여 끓어오르는 기운으로 병이 나기도 한다.

혹은 자식 생각에 몸이 쇠약해져 죽음에 이르기도 하며, 죽어 귀신이 되어서도 끝내 자식을 마음속에서 떼어내지를 못한다.

또 자식이 공부는 하지 않고 나쁜 무리와 어울려 건달패가 되어, 아무런 이익도 없는 일만 좋아하며 다툼질이나 도둑질로 마을의 풍속을 어지럽히기도 하고, 술이나 노름을 일삼고 간사한 나쁜 마음으로 많은 잘못을 저질러 형제에게 정신적 괴로움이나 물질적 손해를 끼친다는 소리만 들리게 한다.

또 새벽에 집을 나가 밤늦게 돌아와서는 부모님이 아침저녁으로 춥고 더운데 어떻게 지내시는지 묻지도 않고, 부모님을 편히 모실 생각은 조금도 하지 않는다.

이런 짓을 하지 않으면 늙고 쇠약해진 부모님 모습이 남보기 부끄럽다고 온갖 구박을 하니 부모님은 그 치욕을 고스란히 감내해야 한다.

또한 부모님 중 어느 한 분이 홀로 되어 쓸쓸하게 지내시게 되면, 잠시 머물다 가는 손님처럼 다른 방에 기거하게 하고, 부모님이 춥고 배고픈지 목이 마른지 어떤지를 조금도 관심이 없어 아랑곳하지 않으니, 밤낮으로 부모님은 지나온 날을 뼈저리게 후회하면서 서글프게 울며 탄식한다.

맛있는 음식을 부모님에게 먼저 드려야 하거늘 결코 그렇게 하지 않는다. 하는 일마다 수치스러우니 다른 사람들이 이 일을 알고 비웃을까 늙으신 부모님은 두렵기만 하다.

혹은 재물이나 맛있는 음식을 아내나 아이에게는 잘 챙겨주면서, 부모님은 싹 잊고도 부끄러운 마음이 전혀 없다. 처나 첩에게 약속한 일은 매번 다 지키면서 어른의 말씀이나 꾸지람은 조금도 두려워하는 마음이 없다.

혹은 딸자식일 경우 다른 사람에게 시집가기 전에는 효도하며 부모님 말씀을 잘 따르는 것처럼 보이지만, 결혼한 뒤에는 효도하려는 마음이 없어 점차 불효만 늘어가게 될 뿐이다.

이 딸은 부모님이 조금만 꾸짖거나 나무라면 바로 원한을 품지만, 남편이 꾸짖고 심한 말을 할 때는 온갖 수모를 참으면서 달게 받는다. 그러면서 성이 다른 시집 친족들에게는 정을 베풀고 극진하게 대하면서도, 친정 혈육들은 오히려 멀리하고 산다.

혹 남편 따라 멀리 타향에 가게 되어 늙으신 부모님을 떠나 살아도 그리워하는 마음이 없고, 소식도 끊어 다른 사람이나 편지로 안부조차 묻지 않는다. 이에 애간장이 탄 부모님은 불안하게 거꾸로 매달려 사는 것과 같은 고통을 받으면서도, 항상 딸자식을 보고 싶어 하기를 목마른 사람이 물을 찾듯 잠시도 그 마음을 쉬지 못한다.

부모님의 은덕은 헤아릴 수 없는 것인데도 못난 자식들이 불효하는 허물은 이루 다 말하기가 어렵다."

6. 부모님의 크신 은혜 갚기 어려워

이때 대중이 부모님의 깊은 은혜를 부처님께 듣고는 온몸을 맨땅에 내던지고 자기의 가슴을 치면서 자신의 허물을 애달파 하였다. 그들은 몸에 있는 모공에서 식은땀과 피를 흘리면서 기절하여 땅에 쓰러졌다가는, 한참 만에 정신을 차리고 큰소리로 부르짖었다.

"참으로 괴롭고 애달픈 일입니다. 저희는 지금 참으로 크나큰 죄인입니다. 어두운 밤에 길을 헤매듯 어리석어 여태까지 이런 사정을 알지 못했습니다. 이제야 저희 잘못을 아니, 몸과 마음이 산산이 다 부서지는 것과 같습니다. 바라옵건대 세존이시여, 부디 저희를 애틋하게 여겨 구원하여 주시옵소서. 어떻게 하여야 부모님의 깊은 은혜에 보답할 수 있겠습니까?"

이때 여래께서 가슴을 적셔주는 깊고 맑은 목소리로 대중에게 말씀하셨다.

"그대들은 내가 그대들을 위하여 설명하는 내용을 잘 알아야만 한다.

가령 어떤 사람이 왼쪽 어깨에 아버지를 태우고 오른쪽 어깨에 어머니를 태워서, 살갗이 터져 뼈가 드러나고 뼈가 닳아 골수가 드러날 지경까지 수미산을 돌고 돈다고 해도, 그렇게 온몸에 피가 낭자하게 흘러 복사뼈가 잠기도록 백천 겁 세월에 걸쳐 부모님께 공양을 올린다 해도, 이것으로 부모님의 깊은 은혜를 다 갚을 수는 없느니라.

가령 어떤 사람이 흉년을 만나 부모님을 위하여 몸을 티끌처럼 잘게 다져, 이를 음식으로 만들어 백천 겁의 세월에 걸쳐 공양을 올린다 해도, 이것으로 부모님의 깊은 은혜를 다 갚을 수는 없느니라.

가령 어떤 사람이 부모님을 위하여 눈동자를 예리한 칼로 도려내어, 부처님께 백천 겁의 세월에 걸쳐 공양을 올린다 해도, 이것으로 부모님의 깊은 은혜를 다 갚을 수는 없느니라.

가령 어떤 사람이 부모님을 위하여 예리한 칼로 심장과

간장을 도려내어, 흐르는 피가 땅에 가득한 고통도 마다하지 않고 백천 겁의 세월에 걸쳐 부처님께 공양을 올린다 해도, 이것으로 부모님의 깊은 은혜를 다 갚을 수는 없느니라.

가령 어떤 사람이 부모님을 위하여 백천 겁의 세월에 걸쳐 백천 자루의 칼과 창으로 몸에다 좌우로 찔러 쑤시면서, 이것으로 은혜를 갚는다고 해도 부모님의 깊은 은혜를 다 갚을 수는 없느니라.

가령 어떤 사람이 부모님을 위하여 백천 겁의 세월에 걸쳐 뼈를 깎고 골수를 뽑아, 이것으로 은혜를 갚는다고 해도 부모님의 깊은 은혜를 다 갚을 수는 없느니라.

가령 어떤 사람이 부모님을 위하여 백천 겁의 세월에 걸쳐 뜨거운 무쇠 덩어리를 삼켜 온몸을 태우고 지져, 이것으로 은혜를 갚는다고 해도 부모님의 깊은 은혜를 다 갚을 수는 없느니라."

7. 은혜를 갚는 길과 지옥의 업보

그때 부처님께서 말씀하신 부모님의 은덕을 듣고 있던 대중은 심장을 도려내듯 구슬피 울면서도 부모님의 은혜에 보답할 좋은 생각이 떠오르질 않아 깊이 참회하며 모두 함께 부처님께 사뢰었다.

"세존이시여, 저희는 참으로 큰 죄인인데, 어떻게 해야 부모님의 깊은 은혜에 보답할 수 있겠습니까?"

"그대들이 그 은덕에 보답하려거든 부모님을 위하여 부모은중경(父母恩重經)을 정성껏 쓰고 읽고 외워야 한다. 자신의 잘못을 뉘우치고 부모님을 위하여 삼보에 공양을 올려야 한다.

부모님을 위하여 몸과 마음을 청정히 하고, 남에게 베푸는 삶을 살면서 복덕을 닦아야 한다. 이처럼 할 수 있다면 부모님께 효도하고 부모님의 뜻에 따르는 자식이라 할 수 있다. 이런 삶을 살지 못한다면 지옥의 고통을 견디어야 할 것이니라."

부처님께서 아난존자에게 말씀하셨다.

"부모님께 불효한 자식은 죽으면 무간지옥에 떨어진다. 이 큰 지옥은 가로와 세로의 길이가 각각 팔만 유순이며, 사면의 벽이 철로 된 성이 있고 쇠사슬 그물로 둘러싸여 있다. 그 땅은 벌건 무쇠이고 시뻘건 불길로 활활 타오르며 튀는 불티가 우레처럼 소리를 내고 번개처럼 번쩍이며 흩날리고 있다.

또 시뻘겋게 녹인 구리와 쇳물을 죄인의 입안에 붓고, 기다란 무쇠 뱀과 구리로 된 개가 연기와 불길을 뿜어대며 죄인들을 지지고 볶아 대는데, 처절한 그 고통은 참고 견디기가 어려운 것이다.

또 쇠 채찍과 쇠꼬챙이, 쇠망치, 쇠창살, 날카로운 칼들이 허공에서 비 오듯 구름처럼 쏟아져 죄인의 몸을 사정없이 때리고 베고 찌르는 고통을 오랜 세월 받게 되는데 잠시도 멈추는 법이 없다.

또 다른 지옥으로 들어가서는 머리에 시뻘건 화로를 이고 다니기도 하고, 몸이 무쇠 수레에 갈려 찢어지기도 하면서, 창자며 뼈와 살이 이리저리 흩어지며 불에 타기를 하루에도 천번 만번 거듭해야 한다. 이런 고통을 받는 것은 모두 전생에 오역죄와 불효를 저지른 죄 때문이니라.”

그때 부처님께서 말씀하신 부모님의 은덕을 듣고 있던 대중은 심장을 도려내듯 구슬피 울면서 부처님께 사뢰었다.

“세존이시여, 이제 저희는 어떻게 해야 부모님의 깊은 은혜에 보답할 수 있겠습니까?”

“그대들이 그 은덕에 보답하려거든 부모님을 위하여 이 경전을 많이 만들어 널리 나누어야 하는데, 이것이 참으로 부모님의 은혜에 보답하는 길이니라.

한 권의 경전을 펴내면 한 분의 부처님을 뵙고, 열 권의 경전을 펴내면 열 분의 부처님을 뵐 수가 있다. 백 권의 경전을 펴내면 백 분의 부처님을 뵙고, 천 권의 경전을 펴면 천 분의 부처님을 뵈며, 만 권의 경전을 펴면 만 분의 부처님을 만나 뵐 수가 있다.

이 착한 사람은 경을 펴낸 공덕으로 모든 부처님이 항상 자비롭게 보호하며, 그들의 부모님은 천상에 태어나 온갖 즐거움을 누리면서 모든 지옥의 고통에서 영원히 벗어나게 되느니라."

8. 부처님 앞에서 원력을 세워

이때 아난존자와 모든 대중 아수라, 가루라, 긴나라, 마후라가, 사람인 듯 아닌 듯한 중생, 천룡, 야차, 건달바, 모든 왕과 전륜성왕이 부처님 말씀을 듣고, 부모님 은혜를 갚는 길에 온갖 공덕이 있다는 사실에, 큰 기쁨의 눈물을 흘리면서 감동을 억누르지 못한 채 서로 각자 원력을 세우고 말하였다.

"저희는 이 세상이 다하도록 이 몸을 티끌처럼 잘게 부수어 가루로 만들지언정, 백천 겁의 세월이 흘러도 맹세코 여래의 성스러운 가르침에 어긋나지 않게 살겠습니다.

저희는 이 세상이 다하도록 쇠갈고리로 길게 혀를 뽑아

무쇠 쟁기로 늘어진 혓바닥을 갈아 핏물이 강물을 이룰지언정, 백천 겁의 세월이 흘러도 맹세코 여래의 성스러운 가르침에 어긋나지 않게 살겠습니다.

저희는 이 세상이 다하도록 백천 개의 날카로운 칼로 이 몸을 잘게 썰어 토막을 낼지언정, 백천 겁의 세월이 흘러도 맹세코 여래의 성스러운 가르침에 어긋나지 않게 살겠습니다.

저희는 이 세상이 다하도록 시뻘건 무쇠 그물로 이 몸을 칭칭 동여맬지언정, 백천 겁의 세월이 흘러도 맹세코 여래의 성스러운 가르침에 어긋나지 않게 살겠습니다.

저희는 이 세상이 다하도록 작두와 방아로 이 몸을 자르고 부수어 백천 조각으로 살갗과 살덩이 및 근육 뼈가 모두 너덜너덜해질지언정, 백천 겁의 세월이 흘러도 맹세코 여래의 성스러운 가르침에 어긋나지 않게 살겠습니다."

9. 경의 이름을 알고 이 가르침을 실천해야 한다.

이때 아난존자가 자리에서 천천히 일어나 부처님께 사뢰었다.

"세존이시여, 이 경의 이름을 무엇이라 하며, 또 저희가 어떻게 받들어 지녀야 합니까?"

"이 경의 이름은 '부모님의 깊은 은혜는 다 갚기 어렵다는 부처님의 가르침'이니, 간략하게 『부모은중경』이라 해야 한다. 이 이름으로 그대들은 이 경전을 받들어 지녀야 하느니라."

이때 모든 대중 하늘 신, 인간, 아수라들이 부처님의 법문을 듣고, 모두 크게 기뻐하며 믿고 받아 지녀 그대로 실천할 것을 다짐하면서 예를 올리고 그 자리에서 물러났다.

부모은중경

사경편

【사경 발원문】

(   ) 사경 제자는

부처님 전에 발원하오니
부모은중경의 가르침을 받아 지녀 날마다
정성껏 읽고 쓰고 외우겠습니다.

사경에서 나오는 온갖 공덕을
(   ) 부모님께 회향하여
부모님의 깊은 은혜를 갚고자 하오니

시방 삼세 모든 부처님께서는
저희 부모님이 윤회의 고통에서 벗어나
극락왕생하도록 굽어살펴 주시옵소서.

20   년   월   일   불제자   정례(頂禮)

【사경 의식】

○ 불법승에 귀의하니

歸依佛 兩足尊
귀의불 양족존　거룩한 부처님께 귀의합니다.

歸依法 離欲尊
귀의법 이욕존　성스런 가르침에 귀의합니다.

歸依僧 衆中尊
귀의승 중중존　청정한 스님들께 귀의합니다.

○ 부처님 법 드러내며

無上甚深 微妙法
무상심심 미묘법　그 이치가 깊고 깊은 오묘하고 미묘한 법

百千萬劫 難遭遇
백천만겁 난조우　백천만겁 살더라도 만나 뵙기 어려우니

我今聞見 得受持
아금문견 득수지　제가 이제 듣고 보고 부처님 법 받아 지녀

願解如來 眞實意
원해여래 진실의　부처님의 진실한 뜻 깨닫기를 원합니다.

○ 법의 곳간 여는 진언

옴 아라남 아라다 (3번)

○ 사경발원

– 사경 발원문 낭독

○ 사경을 마친 뒤

– 손수 쓴 경전을 독송한다.

○ 사경 공덕을 회향하니

寫經功德殊勝行
사 경 공 덕 수 승 행

경을 쓰는 이 공덕이 보살들의 뛰어난 삶

無邊勝福皆廻向
무 변 승 복 개 회 향

끝이 없는 온갖 복덕 빠짐없이 회향하여

普願沈溺諸有情
보 원 침 익 제 유 정

이 힘으로 원하건대 무명 속의 모든 중생

速往無量光佛刹
속 왕 무 량 광 불 찰

지금 바로 부처님의 극락정토 가옵소서.

如是我聞
여시아문

一時 佛 在舍衛國 祇樹給孤獨園
일시 불 재사위국 기수급고독원

與大比丘 二千五百人 菩薩摩訶薩
여대비구 이천오백인 보살마하살

三萬八千人俱。 爾時 世尊 引領大
삼만팔천인구 이시 세존 인령대

衆 直往南行 忽見 路邊 聚骨一堆
중 직왕남행 홀견 노변 취골일퇴

爾時 如來 向彼枯骨 五體投地 恭
이시 여래 향피고골 오체투지 공

敬禮拜。 阿難 合掌 白言
경예배 아난 합장 백언

世尊 如來 是三界大師 四生慈父
세존 여래 시삼계대사 사생자부

衆人歸敬 以何因緣 禮拜枯骨。
중인귀경 이하인연 예배고골

1. 이 경을 설하게 된 인연

이와 같은 가르침을 저는 들었습니다.

부처님께서 사위국 기수급 고독원에서 이천오백 명의 비구와 삼만 팔천 명의 보살과 함께 지내실 때였습니다.

그때 세존께서 대중과 함께 남쪽으로 내려가다 길가에 한 무더기로 쌓여 있는 말라버린 유골을 보자, 그곳을 향하여 두 손 모아 합장한 채 정중하게 예를 올렸습니다.

이 모습을 보고 깜짝 놀란 아난존자가 부처님께 사뢰었습니다.

"세존이시여, 여래는 모든 중생을 이끌어 주시는 스승이요, 어진 아버지와 같은 분이며, 온갖 사람이 공경하고 귀의하는 분인데, 무슨 인연으로 저 마른 유골 더미에 예를 올리시는 것입니까?"

佛告阿難　汝等　雖是吾上首弟子
불 고 아 난　여 등　수 시 오 상 수 제 자

出家日久　知事未廣。　此一堆枯骨
출 가 일 구　지 사 미 광　차 일 퇴 고 골

或是我前世祖先　多生父母　以是因
혹 시 아 전 세 조 선　다 생 부 모　이 시 인

緣　我今禮拜。　佛告阿難　汝今　將
연　아 금 예 배　불 고 아 난　여 금　장

此一堆枯骨　分做二分　若是男骨
차 일 퇴 고 골　분 주 이 분　약 시 남 골

色白且重　若是女骨　色黑且輕。
색 백 차 중　약 시 여 골　색 흑 차 경

阿難白言　世尊　男人　在世　衫帶鞋
아 난 백 언　세 존　남 인　재 세　삼 대 혜

帽　裝束嚴好　一望知爲男子之身
모　장 속 엄 호　일 망 지 위 남 자 지 신

女人　在世　多塗脂粉　或薰蘭麝
여 인　재 세　다 도 지 분　혹 훈 난 사

如是裝飾　即得知是女流之身。
여 시 장 식　즉 득 지 시 여 류 지 신

2. 어머니의 마른 뼈는 옅은 회색을 띠고

"그대들은 나의 으뜸가는 제자들로 출가한 지 오래되었는데 아는 것이 많지 않구나. 이 한 무더기 유골들은 전생에 나의 조상이었거나, 오랜 세월 수많은 삶 속에서 나의 부모였을지도 모르기에 지금 내가 예를 올리는 것이다. 그대는 이 마른 유골들을 두 종류로 분류해 보아라. 남자의 뼈라면 희고 무거울 것이며, 여자의 뼈라면 옅은 회색을 띠고 가벼울 것이다."

"세존이시여, 세상에서는 도포에 띠를 두르고 비단 모자와 관복을 입은 사람은 남자인 줄 알고, 얼굴에 붉은 연지를 찍고 향수를 뿌려 예쁘게 단장한 사람은 여자인 줄 바로 알 수 있습니다."

而今死後　白骨一般
이 금 사 후　백 골 일 반

教弟子等　如何認得。
교 제 자 등　여 하 인 득

佛告阿難　若是男子　在世之時
불 고 아 난　약 시 남 자　재 세 지 시

入於伽藍　聽講經律　禮拜三寶
입 어 가 람　청 강 경 율　예 배 삼 보

念佛名號　所以其骨　色白且重。
염 불 명 호　소 이 기 골　색 백 차 중

世間女人　短於智力
세 간 여 인　단 어 지 력

易溺於情　生男育女　認爲天職。
이 닉 어 정　생 남 육 녀　인 위 천 직

每生一孩　賴乳養命　乳由血變
매 생 일 해　뇌 유 양 명　유 유 혈 변

每孩飮母　八斛四斗[1]　甚多白乳。
매 해 음 모　팔 곡 사 두　심 다 백 유

所以憔悴　骨現黑色　其量亦輕
소 이 초 췌　골 현 흑 색　기 량 역 경

---

1. 8섬 4말에서 1섬은 열 말이며, 1말은 약 18리터이다. 8섬 4말은 약 1512리터나 된다.

"하지만 사람의 몸이 썩고 남은 뼈는 똑같은 모습인데, 어떻게 남자의 뼈인지 여자의 뼈인지 저희가 구분할 수 있겠습니까?"

"아난존자여, 생전에 절에 찾아가 부처님의 가르침을 듣고 삼보에 예배를 올리면서 부처님의 명호를 마음에 늘 새긴 남자였다면 그 사람의 뼈는 희고 무거울 것이다.

감성이 많고 모성애가 지극한 속성으로 세간의 여인은 쉽게 사랑에 빠져 아들딸을 낳아 기르는 것을 하늘의 뜻으로 안다. 자식을 낳을 때마다 아기에게 먹여 키우는 젖은 어머니의 피로 만들어지는데, 태어난 아기마다 엄청나게 많은 젖을 먹고 자라나기 때문에, 그 영향으로 어머니는 몹시 야위고 수척해져 그 여인의 뼈는 옅은 회색을 띠고 가벼울 것이다."

阿難聞語 痛割於心 垂淚悲泣
아 난 문 어　통 할 어 심　수 루 비 읍

白言 世尊 母之恩德 云何報答
백 언　세 존　모 지 은 덕　운 하 보 답

佛告阿難
불 고 아 난

汝今諦聽 我當爲汝 分別解說
여 금 제 청　아 당 위 여　분 별 해 설

母胎懷子 凡經十月 甚爲辛苦。
모 태 회 자　범 경 시 월　심 위 신 고

在母胎時 第一月中 如草上珠
재 모 태 시　제 일 월 중　여 초 상 주

朝不保暮 晨聚將來 午消散去。
조 불 보 모　신 취 장 래　오 소 산 거

母懷胎時 第二月中 恰如凝酥。
모 회 태 시　제 이 월 중　흡 여 응 소

母懷胎時 第三月中 猶如凝血。
모 회 태 시　제 삼 월 중　유 여 응 혈

이 말을 듣고 뼈저리게 마음이 아픈 아난존자는 눈물을 흘리며 부처님께 "세존이시여, 어머님의 크신 은덕을 어떻게 보답해야 합니까?"라고 물었다.

3. 태아를 품고 사는 어머니의 고통

"그대는 자세히 들어라. 태아를 품고 어머니가 열 달 동안 겪어야 하는 극심한 고통을 말하여 주리라.

어머니 몸에 들어간 첫째 달 태아의 모습은, 새벽에 생겨나 햇볕에 금방 사라지는 풀잎 위에 맺힌 아침이슬 같은 형상이고, 둘째 달은 연한 우유가 아주 얕은 막으로 응어리진 모습이며, 셋째 달은 피가 엉긴 모습이다.

母懷胎時　第四月中　稍作人形。
모 회 태 시　제 사 월 중　초 작 인 형

母懷胎時　第五月中　兒在母腹　生
모 회 태 시　제 오 월 중　아 재 모 복　생

有五胞。何者爲五　頭爲一胞　兩肘
유 오 포　하 자 위 오　두 위 일 포　양 주

兩膝　各爲一胞　共成五胞。母懷胎
양 슬　각 위 일 포　공 성 오 포　모 회 태

時　第六月中　兒在母腹　六精齊開
시　제 유 월 중　아 재 모 복　육 정 제 개

何者爲六　眼爲一精　耳爲二精　鼻
하 자 위 육　안 위 일 정　이 위 이 정　비

爲三精　口爲四精　舌爲五精　意爲
위 삼 정　구 위 사 정　설 위 오 정　의 위

六精。母懷胎時　第七月中　兒在母
육 정　모 회 태 시　제 칠 월 중　아 재 모

腹　生成骨節　三百六十　及生毛乳
복　생 성 골 절　삼 백 육 십　급 생 모 유

八萬四千　母懷胎時　第八月中　生
팔 만 사 천　모 회 태 시　제 팔 월 중　생

出意智　以及九竅。
출 의 지　이 급 구 규

넷째 달에 태아는 사람의 형상을 점차 띠기 시작하여, 다섯째 달에 머리와 두 팔 두 다리를 가진 사람의 모습이 나타나며, 여섯째 달에 눈, 귀, 코, 혀, 감각을 느끼는 몸과 알음알이를 내는 감각기관이 형성된다.

일곱째 달에 삼백육십 뼈마디와 팔만 사천 모공이 생기고, 여덟째 달에 분별하는 의식이 생기면서 몸에 눈구멍 두 개, 귓구멍 두 개, 콧구멍 두 개, 입 구멍 한 개, 앞과 뒤로 똥오줌 구멍 한 개씩 아홉 개의 모습이 뚜렷해진다.

母懷胎時 第九月中 兒在母腹
모 회 태 시　제 구 월 중　아 재 모 복

吸收食物 所出各質 桃梨蒜果
흡 수 식 물　소 출 각 질　도 리 산 과

五穀精華。
오 곡 정 화

其母身中 生臟 向下 熟臟¹ 向上
기 모 신 중　생 장　향 하　숙 장　향 상

喻如地面 有山聳出 山有三名
유 여 지 면　유 산 용 출　산 유 삼 명

一號 須彌 二號 業山 三號 血山。
일 호 수 미　이 호 업 산　삼 호 혈 산

此設喻山 一度崩來 化爲一條
차 설 유 산　일 도 붕 내　화 위 일 조

母血凝成 胎兒食料。
모 혈 응 성　태 아 식 료

---

1. 생장(生臟)과 숙장(熟臟)은 오장(五臟) 육부(六腑)를 말한다. 현대의학에서 오장은 호흡계통과 순환계통의 장기를 말하고, 육부는 배설계통과 소화계통의 장기를 말한다. 생장이 아래로 향하고 숙장이 위로 향한다는 것은 태아가 어머니 뱃속에서 거꾸로 매달린 자세 즉, 머리가 아래로 향하고 발이 위로 향하는 것이다.

아홉째 달에 태아는 어머니가 섭취한 과일과 채소와 온갖 곡식에서 나오는 깨끗하고 순수한 영양분을 받아들이기 시작한다. 그러면서 태아는 어머니 몸속에서 발이 위로 향하고 머리가 아래로 향하는 거꾸로 매달린 자세를 하고 있다.

태아를 싸안은 태반(胎盤)의 모습이 땅에서 솟은 산의 모습과 같은데, 이를 수미산이요 업산(業山)이며 혈산(血山)이라고도 한다. 이것의 한 곳이 뚫려 한 가닥 기다란 탯줄이 만들어지고, 이곳을 통하여 어머니 핏속에 있는 양분이 태아에게 자양분으로 전해진다.

母懷胎時　第十月中
모 회 태 시 　 제 시 월 중

孩兒全體　一一完成　方乃降生。
해 아 전 체 　 일 일 완 성 　 방 내 강 생

若是決爲孝順之子　擎拳合掌
약 시 결 위 효 순 지 자 　 경 권 합 장

安詳出生　不損傷母　母無所苦。
안 상 출 생 　 불 손 상 모 　 모 무 소 고

倘兒決爲五逆之子　破損母胎　扯母
당 아 결 위 오 역 지 자 　 파 손 모 태 　 차 모

心肝　踏母跨骨　如千刀攪　又　彷彿
심 간 　 답 모 과 골 　 여 천 도 교 　 우 　 방 불

似萬刃攢心　如斯重苦　出生此兒
사 만 인 찬 심 　 여 사 중 고 　 출 생 차 아

열째 달이 되면 태아는 온전한 아기의 모습으로 세상에 태어난다. 이때 효도하고 말을 잘 들을 착한 아이는 두 주먹을 모아 합장하고 편안한 모습으로 어머니의 몸을 상하지 않게 하고 태어나 어머니에게 고통을 주지 않는다.

하지만 오역죄를 지을 자식이면 어머니 태를 찢으면서 팔로는 어머니의 심장과 간장을 아플 정도로 치고, 발로는 사타구니 뼈를 밟고 버티면서 천 개의 칼로 뱃속을 휘젓고 만 개의 칼로 심장을 도려내는 것 같은 고통을 준다. 어머니는 이런 갖은 고통을 견디고 나서야 아이를 낳게 된다."

更分晰言 尚有十恩
갱 분 석 언 상 유 십 은

第一 懷胎守護 恩
제 일 회 태 수 호 은

第二 臨産受苦 恩
제 이 임 산 수 고 은

第三 生子忘憂 恩
제 삼 생 자 망 우 은

第四 咽苦吐甘 恩
제 사 연 고 토 감 은

第五 迴乾就濕 恩
제 오 회 건 취 습 은

第六 哺乳養育 恩
제 육 포 유 양 육 은

4. 부모님의 열 가지 은혜

"이렇게 태어난 아이에게는 열 가지 어머님의 은혜가 스며있다.

첫째는 태 안에 품은 아기를 지켜주고 보호하여 주신 은혜이고, 둘째는 아기를 낳을 적에 온갖 고통을 감내해 주신 은혜이며, 셋째는 이런 고통 속에서도 무사히 자식을 낳으면, 그동안의 근심 걱정을 다 잊어주신 은혜이다.

넷째는 쓴 음식은 삼키고 단 음식은 뱉어 아기에게 먹여 주신 은혜이고, 다섯째는 젖은 자리 마른자리 갈아주신 은혜이며, 여섯째는 젖을 물려 길러주신 은혜이다.

第七 洗濯不淨 恩
제 칠 세 탁 부 정 은

第八 遠行憶念 恩
제 팔 원 행 억 념 은

第九 深加體恤 恩
제 구 심 가 체 휼 은

第十 究竟憐愍 恩
제 십 구 경 연 민 은

第一 懷胎守護 恩 頌曰
제 일 회 태 수 호 은 송 왈

累劫因緣重 今來托母胎
누 겁 인 연 중 금 래 탁 모 태

月逾生五臟 七七六精開
월 유 생 오 장 칠 칠 육 정 개

일곱째는 몸과 옷이 더러워지지 않도록 돌봐 주신 은혜이고, 여덟째는 자식이 먼 길을 떠날 때 무사하기를 바라면서 간절히 기도해 주신 은혜이다.

아홉째는 자식을 위하여 어떤 위험한 일도 마다하지 않고 보호해 주신 은혜이고, 열째는 늙어서 돌아가실 때까지 끊임없이 자식을 애틋하게 챙겨주신 은혜이다."

첫 번째로 어머님의 크신 은혜 말한다면
태 안에서 아기 품고 보호해 준 은혜로세

오랜 세월 전생에서 깊고 깊은 인연으로
이번 생에 다시 와서 그 모태로 들어가니
해가 뜨고 달이 지며 오장 육부 생겨나고
눈 귀 코 혀 알음알이 사십구일 생성되며

體重如山岳　動止劫風災
체 중 여 산 악　동 지 겁 풍 재

羅衣都不掛　裝鏡惹塵埃
나 의 도 불 괘　장 경 야 진 애

第二　臨産受苦　恩　頌曰
제 이　임 산 수 고　은　송 왈

懷經十個月　難産將欲臨
회 경 십 개 월　난 산 장 욕 림

朝朝如重病　日日似昏沈
조 조 여 중 병　일 일 사 혼 심

難將惶怖述　愁淚滿胸襟
난 장 황 포 술　수 루 만 흉 금

含悲告親族　惟懼死來侵
함 비 고 친 족　유 구 사 래 침

일곱 달째 들어가선 태산처럼 커진 배로
행여 아기 잘못될까, 찬 바람이 겁이 나며
비단옷도 맞지 않아 걸어둔 채 입지 않고
거울 본 지 오래되어 티끌 먼지 쌓여 있네.

두 번째로 어머님의 크신 은혜 말한다면
뱃속 아기 낳으실 때 고통 참은 은혜로세

태 안에서 아기 품고 기나 긴긴 열 달 동안
온갖 고통 참아내고 아기 낳기 기다리며
기운 없어 하루하루 큰 병이 든 사람처럼
어제오늘 매일 같이 정신 또한 혼미하네.

두렵고도 겁난 마음 그 무엇에 견주오리
근심 섞인 눈물만이 가슴속에 가득하니
슬픔 고인 눈빛으로 친척에게 말하기를
행여 죽음 닥쳐올까 두렵기만 하더이다.

第三 生子忘憂 恩 頌曰
제삼 생자망우 은 송왈

慈母生兒日　五臟總張開
자모생아일　오장총장개

身心俱悶絕　血流似屠羊
신심구민절　혈류사도양

生已聞兒健　歡喜倍加常
생이문아건　환희배가상

喜定悲還至　痛苦徹心腸
희정비환지　통고철심장

세 번째로 어머님의 크신 은혜 말한다면
아기 낳고 근심 걱정 잊어주신 은혜로세

인자하신 어머님이 품은 아기 낳으실 때
오장 육부 찢기는 듯 연한 살을 도려내듯
정신일랑 혼미하여 몸과 마음 다 지치니
흘리신 피 너무 많아 그 모습이 처량한데

갓난아기 건강하단 위로의 말 듣고 나서
반갑고도 기쁜 마음 가슴 벅차오르지만
그 기쁨이 지난 뒤엔 서러운 맘 다시 들며
온갖 산고 아린 마음 여린 몸에 파고드네.

第四 咽苦吐甘 恩 頌曰
제사 연고토감 은 송왈

父母恩深重 顧憐沒失時
부모은심중 고연몰실시

吐甘無稍息 咽苦不顰眉
토감무초식 연고불빈미

愛重情難忍 恩深復倍悲
애중정난인 은심부배비

但令孩兒飽 慈母不辭饑
단영해아포 자모불사기

네 번째로 어머님의 크신 은혜 말한다면
쓴맛 단맛 맛을 보고 단것 주신 은혜로세

부모님의 깊은 은혜 저 바다에 비하리오
아끼시고 사랑하는 그 마음이 변치 않네
단것일랑 모두 모아 아기에게 먹이시고
쓴 것 거둬 드시고도 행복하게 웃는 모습

사랑하는 마음 깊어 어려움도 참아내고
그 마음이 깊을수록 걱정 또한 갑절이라
어머님의 일편단심 아기 배를 불림이니
며칠 내내 굶으신들 이를 어찌 마다하리.

第五 迴乾就濕 恩 頌曰
제오 회건취습 은 송왈

母願身投濕 將兒移就乾
모원신투습 장아이취건

兩乳充饑渴 羅袖掩風寒
양유충기갈 나수엄풍한

恩連恆廢枕 寵弄纔能歡
은련항폐침 총농재능환

但令孩兒穩 慈母不求安
단영해아온 자모불구안

다섯 번째 어머님의 크신 은혜 말한다면
젖은 자리 마른자리 갈아주신 은혜로세

어머님은 진자리에 천번 만번 젖더라도
어린 아기 안아 옮겨 마른자리 눕게 하고
양쪽 젖을 번갈아서 아기 입에 물려주며
찬 바람에 추울세라 비단 옷감 덮어주네.

그 아기를 돌보느라 편히 잠 못 이루면서
얼싸안고 두리둥실 얼러주고 달래시니
아기 몸이 편하다면 그 무엇을 마다하리
백옥보다 고운 몸이 망가진들 어떠하리.

第六 哺乳養育 恩 頌曰
제육 포유양육 은 송왈

慈母像大地 嚴父配於天
자모상대지 엄부배어천

覆載恩同等 父娘恩亦然
부재은동등 부랑은역연

不憎無怒目 不嫌手足攣
부증무노목 불혐수족련

誕腹親生子 終日惜兼憐
탄복친생자 종일석겸연

여섯 번째 부모님의 크신 은혜 말한다면
품에 안고 젖을 물려 길러주신 은혜로세

어머님의 크신 은혜 넓은 땅에 견주리까
아버님의 엄한 사랑 저 하늘에 비하리까
높고 크신 부모 은공 천지와도 같사오니
제 자식을 사랑하는 부모 마음 다를 손가.

눈과 귀가 없더라도 미워하는 마음 없고
손과 발을 못 쓴대도 싫은 마음 전혀 없어
열 달 품어 낳은 자식 다칠까 봐 얼싸안고
종일토록 아끼면서 곁에 두고 사랑하네.

第七 洗濯不淨 恩 頌曰
제 칠 세 탁 부 정 은 송 왈

本是芙蓉質 精神健且豊
본 시 부 용 질 정 신 건 차 풍

眉分新柳碧 臉色奪蓮紅
미 분 신 유 벽 검 색 탈 연 홍

恩深摧玉貌 洗濯損盤龍
은 심 최 옥 모 세 탁 손 반 룡

只爲憐男女 慈母改顔容
지 위 연 남 녀 자 모 개 안 용

80 부모은중경

일곱 번째 어머님의 크신 은혜 말한다면
몸과 옷을 깨끗하게 돌봐 주신 은혜로세

지난날의 고운 얼굴 꽃보다도 화사했고
쓰는 마음 아름답고 솜털처럼 부드러워
어여쁘게 그린 눈썹 버들잎이 부끄럽고
양쪽 볼에 보조개는 홍련보다 아름답다.

깊은 사랑 베푸느라 곱던 얼굴 야위었고
기저귀를 빠시느라 여리던 손 투박하며
아들딸을 가르치는 고생 또한 극심하여
부모님의 젊던 얼굴 주름살만 늘어났네.

第八 遠行憶念恩 頌曰
제 팔 원행억념은 송 왈

死別誠難忍 生離實亦傷
사 별 성 난 인 생 이 실 역 상

子出關山外 母憶在他鄉
자 출 관 산 외 모 억 재 타 향

日夜心相隨 流淚數千行
일 야 심 상 수 유 루 수 천 행

如猿泣愛子 寸寸斷肝腸
여 원 읍 애 자 촌 촌 단 간 장

여덟 번째 부모님의 크신 은혜 말한다면
먼 길 가는 자식들을 걱정해준 은혜로세

설령 죽어 이별해도 그 고통이 크지마는
살아생전 생이별도 애간장을 녹이는 일
다 큰 자식 집을 떠나 머나먼 길 가게 되면
어머님의 마음 또한 그 자식을 따라가니

밤낮으로 여린 마음 자식만을 생각하며
두 눈에서 쏟은 눈물 천 줄기며 만 줄기라
원숭이의 새끼 사랑 애간장이 타더라도
어버이의 자식 사랑 그보다도 더하여라.

第九 深加體恤 恩 頌曰
제구 심가체휼 은 송왈

父母恩情重 恩深報實難
부모은정중 은심보실난

子苦願代受 兒勞母不安
자고원대수 아로모불안

聞道遠行去 憐兒夜臥寒
문도원행거 연아야와한

男女暫辛苦 長使母心酸
남녀잠신고 장사모심산

아홉 번째 부모님의 크신 은혜 말한다면
자식 위해 어떤 일도 마다않는 은혜로세

하늘보다 넓고 높은 부모님의 깊은 사랑
무엇으로 그 은덕을 남김없이 갚을 손가
아들딸의 온갖 고생 대신 받길 원하면서
지쳐 있는 그 모습에 부모 마음 편치 않네.

아들딸이 길을 떠나 머나먼 길 가게 되면
잠자리로 고생할까 밤낮으로 애틋한 맘
자식들이 잠시라도 고달픈 삶 살게 되면
어버이의 근심 걱정 끊임없이 이어진다.

第十 究竟憐愍 恩 頌曰
제십 구경연민 은 송왈

父母恩深重 恩憐無歇時
부모은심중 은련무헐시

起坐心相逐 近遙意與隨
기좌심상축 근요의여수

母年一百歲 長憂八十兒
모년일백세 장우팔십아

欲知恩愛斷 命盡始分離
욕지은애단 명진시분리

열 번째로 부모님의 크신 은혜 말한다면
영원토록 애틋하게 챙겨주신 은혜로세

넓고 깊은 바다 같은 부모님의 크신 은혜
애틋하온 자식 사랑 잠깐인들 쉬오리까
서 있거나 앉았거나 그 마음과 함께하니
멀리 있든 가까이든 한결같은 사랑일세.

나이 드신 부모님이 백 살이나 되었는데
팔십 줄의 아들딸을 끊임없이 걱정하니
부모님의 크신 은공 그칠 날이 그 언제리
이생의 삶 다한 뒤에 그때서야 다할런가.

佛告阿難
불 고 아 난

我觀衆生　雖紹人品　心行愚蒙
아 관 중 생　수 소 인 품　심 행 우 몽

不思爹娘　有大恩德　不生恭敬
불 사 다 낭　유 대 은 덕　불 생 공 경

忘恩背義　無有仁慈　不孝不順
망 은 배 의　무 유 인 자　불 효 불 순

阿娘懷子　十月之中　起坐不安
아 낭 회 자　시 월 지 중　기 좌 불 안

如擎重擔　飮食不下　如長病人。
여 경 중 담　음 식 불 하　여 장 병 인

月滿生時　受諸痛苦　須臾産出
월 만 생 시　수 제 통 고　수 유 산 출

恐已無常　如殺豬羊　血流遍地。
공 이 무 상　여 살 저 양　혈 류 변 지

5. 불효자의 행실과 어버이 마음

부처님께서 말씀하셨다.

"아난존자여, 내가 중생을 보니 사람 됨됨이를 갖추었다고 하나 대다수 마음과 행실이 어리석어 부모님의 큰 은덕을 생각하지 않는다. 부모님을 공경하는 마음이 없어 도리와 은혜를 저버리고, 어질고 인자한 마음이 없어 부모님께 효도하지 않고 그 뜻에 따르지도 않는다.

아기를 태 안에 품고 사는 어머니는 열 달 동안 앉고 서는 것도 불안하여 무거운 짐을 짊어진 것 같고, 음식을 잘 먹지 못해 오랫동안 중병을 앓고 있는 사람과 같다.

해산일이 되어 아기를 낳을 때는 온갖 고통으로 아기를 낳는 잠깐 사이에도 자칫 죽을까 두려운 마음이 드니, 마치 돼지나 양을 잡을 때처럼 바닥에 흥건하게 피를 흘리게 되기 때문이다.

受如是苦　生得兒身　咽苦吐甘
수 여 시 고　생 득 아 신　연 고 토 감

抱持養育　洗濯不淨　不憚劬勞
포 지 양 육　세 탁 부 정　불 탄 구 로

忍寒忍熱　不辭辛苦。
인 한 인 열　불 사 신 고

乾處兒臥　濕處母眠　三年之中
건 처 아 와　습 처 모 면　삼 년 지 중

飮母白血　嬰孩童子　乃至成年
음 모 백 혈　영 해 동 자　내 지 성 년

敎導禮義　婚嫁營謀　備求資業
교 도 예 의　혼 가 영 모　비 구 자 업

携荷艱辛　懃苦百倍　不言恩惠。
휴 하 간 신　근 고 백 배　불 언 은 혜

男女有病　父母驚憂　憂極生病
남 녀 유 병　부 모 경 우　우 극 생 병

視同常事　子若病除　母病方愈。
시 동 상 사　자 약 병 제　모 병 방 유

이런 고통 속에 아기를 낳아 기르면서 쓴 것은 삼키고 단것은 뱉어 아기에게 먹인다. 아이를 품에 안고 몸과 옷을 깨끗하게 보살피며, 더위와 추위를 참고 견디면서 어떠한 고생도 마다하지 않는다.

아기는 마른자리에 눕히고 어머니는 축축한 데서 잠을 자며, 삼 년 동안이나 흰 젖을 먹여가며 정성껏 키우니 아이는 동자가 된다. 청년이 되면 예절과 도의를 가르치고 시집 장가를 보낸 뒤에도 살림살이를 마련하여 도와준다. 이처럼 무거운 짐을 지고 온갖 고생을 하여도, 그 고생을 자식한테 말 한마디를 하지 않는다. 아들딸이 병에 걸리면 놀란 부모님은 근심 걱정에 차 자식의 병을 자신의 병처럼 여기므로, 자식의 병이 나으면 그때야 비로소 부모님의 병도 낫게 된다.

如斯養育　願早成人　及其長成
여 사 양 육　원 조 성 인　급 기 장 성

反爲不孝　尊親與言　不知順從
반 위 불 효　존 친 여 언　부 지 순 종

應對無禮　惡眼相視。
응 대 무 례　악 안 상 시

欺凌伯叔　打罵兄弟　毀辱親情
기 능 백 숙　타 매 형 제　훼 욕 친 정

無有禮義　雖曾從學　不遵範訓
무 유 예 의　수 증 종 학　부 준 범 훈

父母敎令　多不依從。
부 모 교 령　다 불 의 종

兄弟共言　每相違戾。
형 제 공 언　매 상 위 려

出入來往
출 입 내 왕

不啓尊堂　言行高傲　擅意爲事。
불 계 존 당　언 행 고 오　천 의 위 사

이처럼 기르고 보살피며 어린 자식이 빨리 커 어른이 되기를 바라고 있었건만, 다 자란 자식은 은혜도 모르고 부모의 말을 듣기는커녕 예의도 없이 눈을 부라리고 흘기기만 한다.

부모님의 형제를 속이고 능멸하며, 자기 형제를 때리고 욕하기도 한다. 혈육 간의 정을 헐뜯고 매도하니 예의라고는 조금도 찾아볼 수가 없다. 일찍부터 가르쳤으나 규범을 따르지 않고 부모님의 가르침을 거의 따르지 않는다.

형제간에 함께 약속한 말도 헌신짝처럼 여겨 지키지를 않는다. 바깥출입을 제멋대로 하면서 어른께 조금도 아뢰지 않고, 언행이 방자해져 제 마음대로 일을 처리한다.

父母訓罰　伯叔語非　童幼憐愍
부모훈벌　백숙어비　동유연민

尊人遮護　漸漸成長　狠戾不調
존인차호　점점성장　한려부조

不伏虧違　反生瞋恨。
불복휴위　반생진한

棄諸親友　朋附惡人　習久成性
기제친우　붕부악인　습구성성

認非爲是。　或被人誘　逃往他鄕
인비위시　혹피인유　도왕타향

違背爹娘　離家別眷
위배다낭　이가별권

或因經紀　或爲政行　荏苒因循
혹인경기　혹위정행　임염인순

便爲婚娶　由斯留礙　久不還家。
변위혼취　유사유애　구불환가

부모님이 훈계하고 집안 어른들이 잘못을 타이르나, 어리다고 불쌍해서 감싸주니 점차 자라나서 사나워지고 삐뚤어져, 나중에는 잘못을 일러주어도 고치려 하지 않고 도리어 화를 내고 원한을 품기도 한다.

좋은 벗을 버리고 나쁜 친구만 가까이하며, 못된 버릇이 몸에 젖어 잘못한 일도 옳은 것이라고 착각한다. 다른 사람의 유혹에 빠져 딴 고장으로 달아나게 되니 부모님을 등지고 일가친척과 멀어지기도 한다.

혹 일을 처리하면서 잇속만 챙기는 나쁜 거간꾼이 되거나 이런저런 남의 일에 쓸데없이 끼어드는 시비꾼이 되기도 한다. 그럭저럭 게으르게 살다가 잘못된 결혼이라도 하면, 그것이 걸림돌이 되어 오랫동안 집에 돌아오지 못하기도 한다.

或在他鄉 不能謹愼 被人謀害
혹 재 타 향　불 능 근 신　피 인 모 해
橫事鉤牽 枉被刑責 牢獄枷鎖。
횡 사 구 견　왕 피 형 책　뇌 옥 가 쇄

或遭病患 厄難縈纏 囚苦饑羸
혹 조 병 환　액 난 영 전　수 고 기 리
無人看待 被人嫌賤 委棄街衢
무 인 간 대　피 인 혐 천　위 기 가 구
因此命終 無人救治 膨脹爛壞
인 차 명 종　무 인 구 치　팽 창 난 괴
日暴風吹 白骨飄零。
일 폭 풍 취　백 골 표 령

寄他鄉土 便與親族 歡會長乖
기 타 향 토　변 여 친 족　환 회 장 괴
違背慈恩 不知二老 永懷憂念。
위 배 자 은　부 지 이 로　영 회 우 념

혹은 타향에서 함부로 행동하다가 남의 모함에 빠져 나쁜 일에 연루되어 억울한 형벌을 받고는, 감옥에서 목에 칼을 쓰고 발목에 쇠사슬을 차기도 한다.

혹은 병에 걸려 온갖 고통을 받기도 하고, 감옥에서 굶주리기도 하는데 누구 하나 돌봐 주는 사람이 없다. 사람들에게 미움과 천대를 받고 길거리로 쫓겨나 죽게 되어도 누구 한 사람 구해주거나 치료해 주는 사람이 없다. 죽은 뒤에는 시체가 썩어 부풀고 문드러지다 강한 햇볕과 바람에 백골이 되어 이리저리 굴러다니기도 한다.

타향에서 살아가니, 친척을 만나 기뻐할 일도 사라지고, 자비로운 부모님의 은혜를 저버린 채 늙으신 부모님의 근심과 걱정을 조금도 알지 못하고 산다.

或因啼泣 眼暗目盲
혹 인 제 읍　안 암 목 맹

或因悲哀 氣咽成病。
혹 인 비 애　기 열 성 병

或緣憶子 衰變死亡
혹 연 억 자　쇠 변 사 망

作鬼抱魂 不曾割捨。
작 귀 포 혼　부 증 할 사

或復聞子 不崇學業 朋逐異端
혹 부 문 자　불 숭 학 업　붕 축 이 단

無賴粗頑 好習無益 鬪打竊盜
무 뢰 조 완　호 습 무 익　투 타 절 도

觸犯鄕閭 飮酒樗蒲 姦非過失
촉 범 향 려　음 주 저 포　간 비 과 실

帶累兄弟 惱亂爺孃。
대 누 형 제　뇌 란 다 낭

부모님은 자식 걱정으로 피눈물을 흘리면서 눈이 멀기도 하고, 혹은 너무 애통하여 끓어오르는 기운으로 병이 나기도 한다.

혹은 자식 생각에 몸이 쇠약해져 죽음에 이르기도 하며, 죽어 귀신이 되어서도 끝내 자식을 마음속에서 떼어내지를 못한다.

또 자식이 공부는 하지 않고 나쁜 무리와 어울려 건달패가 되어, 아무런 이익도 없는 일만 좋아하며 다툼질이나 도둑질로 마을의 풍속을 어지럽히기도 하고, 술이나 노름을 일삼고 간사한 나쁜 마음으로 많은 잘못을 저질러 형제에게 정신적 괴로움이나 물질적 손해를 끼친다는 소리만 들리게 한다.

晨去暮還 不問尊親 動止寒溫
신 거 모 환　불 문 존 친　동 지 한 온

晦朔朝暮 永乖扶侍 安床薦枕
회 삭 조 모　영 괴 부 시　안 상 천 침

並不知聞 參問起居。
병 부 지 문　참 문 기 거

從此間斷 父母年邁 形貌衰羸
종 차 간 단　부 모 년 매　형 모 쇠 리

羞恥見人 忍受欺抑。
수 치 견 인　인 수 기 억

或有父孤母寡 獨守空堂
혹 유 부 고 모 과　독 수 공 당

猶若客人 寄居他舍 寒凍飢渴
유 약 객 인　기 거 타 사　한 동 기 갈

曾不知聞 晝夜常啼 自嗟自歎。
증 부 지 문　주 야 상 제　자 차 자 탄

또 새벽에 집을 나가 밤늦게 돌아와서는 부모님이 아침저녁으로 춥고 더운데 어떻게 지내시는지 묻지도 않고, 부모님을 편히 모실 생각은 조금도 하지 않는다.

이런 짓을 하지 않으면 늙고 쇠약해진 부모님 모습이 남 보기 부끄럽다고 온갖 구박을 하니 부모님은 그 치욕을 고스란히 감내해야 한다.

또한 부모님 중 어느 한 분이 홀로 되어 쓸쓸하게 지내시게 되면, 잠시 머물다 가는 손님처럼 다른 방에 기거하게 하고, 부모님이 춥고 배고픈지 목이 마른지 어떤지를 조금도 관심이 없어 아랑곳하지 않으니, 밤낮으로 부모님은 지나온 날을 뼈저리게 후회하면서 서글프게 울며 탄식한다.

應奉甘旨 供養尊親 若輩妄人
응 봉 감 지　공 양 존 친　약 배 망 인

了無是事 每作羞慚 畏人怪笑。
요 무 시 사　매 작 수 참　외 인 괴 소

或持財食 供養妻兒 忘厥疲勞
혹 지 재 식　공 양 처 아　망 궐 피 로

無避羞恥 妻妾約束 每事依從
무 피 수 치　처 첩 약 속　매 사 의 종

尊長瞋呵 全無畏懼。
존 장 진 가　전 무 외 구

或復是女 適配他人 未嫁之時
혹 부 시 여　적 배 타 인　미 가 지 시

咸皆孝順 婚嫁已訖 不孝遂增。
함 개 효 순　혼 가 이 흘　불 효 수 증

맛있는 음식을 부모님에게 먼저 드려야 하거늘 결코 그렇게 하지 않는다. 하는 일마다 수치스러우니 다른 사람들이 이 일을 알고 비웃을까 늙으신 부모님은 두렵기만 하다.

혹은 재물이나 맛있는 음식을 아내나 아이에게는 잘 챙겨주면서, 부모님은 싹 잊고도 부끄러운 마음이 전혀 없다. 처나 첩에게 약속한 일은 매번 다 지키면서 어른의 말씀이나 꾸지람은 조금도 두려워하는 마음이 없다.

혹은 딸자식일 경우 다른 사람에게 시집가기 전에는 효도하며 부모님 말씀을 잘 따르는 것처럼 보이지만, 결혼한 뒤에는 효도하려는 마음이 없어 점차 불효만 늘어가게 될 뿐이다.

父母微瞋　卽生怨恨　夫婿打罵
부모미진　즉생원한　부서타매

忍受甘心　異姓他宗　情深眷重
인수감심　이성타종　정심권중

自家骨肉　卻以爲疏。
자가골육　각이위소

或隨夫婿　外郡他鄕　離別爺娘
혹수부서　외군타향　이별다낭

無心戀慕　斷絶消息　音信不通
무심연모　단절소식　음신불통

遂使爺娘　懸腸掛肚　刻不能安
수사다낭　현장괘두　각불능안

宛若倒懸　每思見面　如渴思漿
완약도현　매사견면　여갈사장

慈念後人　無有休息。　父母恩德
자념후인　무유휴식　부모은덕

無量無邊　不孝之愆　卒難陳報。
무량무변　불효지건　졸난진보

이 딸은 부모님이 조금만 꾸짖거나 나무라면 바로 원한을 품지만, 남편이 꾸짖고 심한 말을 할 때는 온갖 수모를 참으면서 달게 받는다. 그러면서 성이 다른 시집 친족들에게는 정을 베풀고 극진하게 대하면서도, 친정 혈육들은 오히려 멀리하고 산다.

혹 남편 따라 멀리 타향에 가게 되어 늙으신 부모님을 떠나 살아도 그리워하는 마음이 없고, 소식도 끊어 다른 사람이나 편지로 안부조차 묻지 않는다. 이에 애간장이 탄 부모님은 불안하게 거꾸로 매달려 사는 것과 같은 고통을 받으면서도, 항상 딸자식을 보고 싶어 하기를 목마른 사람이 물을 찾듯 잠시도 그 마음을 쉬지 못한다. 부모님의 은덕은 헤아릴 수 없는 것인데도 못난 자식들이 불효하는 허물은 이루 다 말하기가 어렵다."

爾時 大衆 聞佛所說 父母重恩
이시 대중 문불소설 부모중은

擧身投地 搥胸自撲 身毛孔中
거신투지 추흉자박 신모공중

悉皆流血 悶絕躄地 良久乃蘇
실개유혈 민절벽지 양구내소

高聲唱言。
고성창언

苦哉 苦哉 痛哉 痛哉 我等 今者
고재 고재 통재 통재 아등 금자

深是罪人 從來未覺 冥若夜游
심시죄인 종래미각 명약야유

今悟知非 心膽俱碎 惟願世尊
금오지비 심담구쇄 유원세존

哀愍救援 云何報得 父母深恩
애민구원 운하보득 부모심은

6. 부모님의 크신 은혜 갚기 어려워

이때 대중이 부모님의 깊은 은혜를 부처님께 듣고는 온몸을 맨땅에 내던지고 자기의 가슴을 치면서 자신의 허물을 애달파 하였다. 그들은 몸에 있는 모공에서 식은땀과 피를 흘리면서 기절하여 땅에 쓰러졌다가는, 한참 만에 정신을 차리고 큰소리로 부르짖었다.

"참으로 괴롭고 애달픈 일입니다. 저희는 지금 참으로 크나큰 죄인입니다. 어두운 밤에 길을 헤매듯 어리석어 여태까지 이런 사정을 알지 못했습니다. 이제야 저희 잘못을 아니, 몸과 마음이 산산이 다 부서지는 것과 같습니다. 바라옵건대 세존이시여, 부디 저희를 애틋하게 여겨 구원하여 주시옵소서. 어떻게 하여야 부모님의 깊은 은혜에 보답할 수 있겠습니까?"

爾時 如來 卽以八種深重梵音
이 시　여 래　즉 이 팔 종 심 중 범 음

告諸大衆 汝等當知 我今爲汝
고 제 대 중　여 등 당 지　아 금 위 여

分別解說
분 별 해 설

假使有人 左肩擔父 右肩擔母
가 사 유 인　좌 견 담 부　우 견 담 모

研皮至骨 穿骨至髓 遶須彌山
연 피 지 골　천 골 지 수　요 수 미 산

血流沒踝 經百千劫 猶不能報
혈 류 몰 과　경 백 천 겁　유 불 능 보

父母深恩 假使有人 遭饑饉劫
부 모 심 은　가 사 유 인　조 기 근 겁

爲於爹娘 盡其己身 臠割碎壞
위 어 다 낭　진 기 기 신　연 할 쇄 괴

猶如微塵
유 여 미 진

經百千劫 猶不能報 父母深恩。
경 백 천 겁　유 불 능 보　부 모 심 은

이때 여래께서 가슴을 적셔주는 깊고 맑은 목소리로 대중에게 말씀하셨다.

"그대들은 내가 그대들을 위하여 설명하는 내용을 잘 알아야만 한다.

가령 어떤 사람이 왼쪽 어깨에 아버지를 태우고 오른쪽 어깨에 어머니를 태워서, 살갗이 터져 뼈가 드러나고 뼈가 닳아 골수가 드러날 지경까지 수미산을 돌고 돈다고 해도, 그렇게 온몸에 피가 낭자하게 흘러 복사뼈가 잠기도록 백천 겁 세월에 걸쳐 부모님께 공양을 올린다 해도, 이것으로 부모님의 깊은 은혜를 다 갚을 수는 없느니라.
가령 어떤 사람이 흉년을 만나 부모님을 위하여 몸을 티끌처럼 잘게 다져, 이를 음식으로 만들어 백천 겁의 세월에 걸쳐 공양을 올린다 해도, 이것으로 부모님의 깊은 은혜를 다 갚을 수는 없느니라.

假使有人 爲於爹娘 手執利刀
가사유인 위어다낭 수집이도

刑其眼睛 獻於如來 經百千劫
완기안정 헌어여래 경백천겁

猶不能報 父母深恩
유불능보 부모심은

假使有人 爲於爹娘 亦以利刀
가사유인 위어다낭 역이이도

割其心肝 血流遍地 不辭痛苦
할기심간 혈류편지 불사통고

經百千劫 猶不能報 父母深恩
경백천겁 유불능보 부모심은

假使有人 爲於爹娘 百千刀戟
가사유인 위어다낭 백천도극

一時刺身 於自身中 左右出入
일시자신 어자신중 좌우출입

經百千劫 猶不能報 父母深恩
경백천겁 유불능보 부모심은

가령 어떤 사람이 부모님을 위하여 눈동자를 예리한 칼로 도려내어, 부처님께 백천 겁의 세월에 걸쳐 공양을 올린다 해도, 이것으로 부모님의 깊은 은혜를 다 갚을 수는 없느니라.

가령 어떤 사람이 부모님을 위하여 예리한 칼로 심장과 간장을 도려내어, 흐르는 피가 땅에 가득한 고통도 마다하지 않고 백천 겁의 세월에 걸쳐 부처님께 공양을 올린다 해도, 이것으로 부모님의 깊은 은혜를 다 갚을 수는 없느니라.

가령 어떤 사람이 부모님을 위하여 백천 겁의 세월에 걸쳐 백천 자루의 칼과 창으로 몸에다 좌우로 찔러 쑤시면서, 이것으로 은혜를 갚는다고 해도 부모님의 깊은 은혜를 다 갚을 수는 없느니라.

假使有人　爲於爹娘　打骨出髓
가사유인　위어다낭　타골출수

經百千劫　猶不能報　父母深恩
경백천겁　유불능보　부모심은

假使有人　爲於爹娘　吞熱鐵丸
가사유인　위어다낭　탄열철환

經百千劫　遍身焦爛
경백천겁　변신초란

經百千劫　猶不能報　父母深恩。
경백천겁　유불능보　부모심은

가령 어떤 사람이 부모님을 위하여 백천 겁의 세월에 걸쳐 뼈를 깎고 골수를 뽑아, 이것으로 은혜를 갚는다고 해도 부모님의 깊은 은혜를 다 갚을 수는 없느니라.

가령 어떤 사람이 부모님을 위하여 백천 겁의 세월에 걸쳐 뜨거운 무쇠 덩어리를 삼켜 온몸을 태우고 지져, 이것으로 은혜를 갚는다고 해도 부모님의 깊은 은혜를 다 갚을 수는 없느니라."

爾時 大衆 聞佛所說 父母恩德
이시 대중 문불소설 부모은덕

垂淚悲泣 痛割於心 諦思無計
수루비읍 통할어심 제사무계

同發聲言 深生慚愧 共白佛言。
동발성언 심생참괴 공백불언

世尊 我等 今者 深是罪人
세존 아등 금자 심시죄인

云何報得 父母深恩。
운하보득 부모심은

佛告弟子
불고제자

欲得報恩 爲於父母 書寫此經
욕득보은 위어부모 서사차경

爲於父母 讀誦此經 爲於父母
위어부모 독송차경 위어부모

懺悔罪愆 爲於父母 供養三寶。
참회죄건 위어부모 공양삼보

7. 은혜를 갚는 길과 지옥의 업보

그때 부처님께서 말씀하신 부모님의 은덕을 듣고 있던 대중은 심장을 도려내듯 구슬피 울면서도 부모님의 은혜에 보답할 좋은 생각이 떠오르질 않아 깊이 참회하며 모두 함께 부처님께 사뢰었다.

"세존이시여, 저희는 참으로 큰 죄인인데, 어떻게 해야 부모님의 깊은 은혜에 보답할 수 있겠습니까?"

"그대들이 그 은덕에 보답하려거든 부모님을 위하여 부모은중경(父母恩重經)을 정성껏 쓰고 읽고 외워야 한다. 자신의 잘못을 뉘우치고 부모님을 위하여 삼보에 공양을 올려야 한다.

爲於父母 受持齋戒
위 어 부 모　수 지 재 계

爲於父母 布施修福。
위 어 부 모　보 시 수 복

若能如是 則得名爲孝順之子。
약 능 여 시　즉 득 명 위 효 순 지 자

不做此行 是地獄人。
부 주 차 행　시 지 옥 인

佛告阿難
불 고 아 난

不孝之人 身壞命終 墮於阿鼻無間
불 효 지 인　신 괴 명 종　타 어 아 비 무 간

地獄。 此大地獄 縱廣八萬由旬
지 옥　　차 대 지 옥　종 광 팔 만 유 순

四面鐵城 周圍羅網。 其地赤鐵
사 면 철 성　주 위 나 망　　기 지 적 철

盛火洞然 猛烈火燒 雷奔電爍。
성 화 통 연　맹 렬 화 소　뇌 분 전 삭

부모님을 위하여 몸과 마음을 청정히 하고, 남에게 베푸는 삶을 살면서 복덕을 닦아야 한다.

이처럼 할 수 있다면 부모님께 효도하고 부모님의 뜻에 따르는 자식이라 할 수 있다. 이런 삶을 살지 못한다면 지옥의 고통을 견디어야 할 것이니라."

부처님께서 아난존자에게 말씀하셨다.
"부모님께 불효한 자식은 죽으면 무간지옥에 떨어진다. 이 큰 지옥은 가로와 세로의 길이가 각각 팔만 유순이며, 사면의 벽이 철로 된 성이 있고 쇠사슬 그물로 둘러싸여 있다. 그 땅은 벌건 무쇠이고 시뻘건 불길로 활활 타오르며 튀는 불티가 우레처럼 소리를 내고 번개처럼 번쩍이며 흩날리고 있다.

烊銅鐵汁　澆灌罪人　銅狗鐵蛇
양 동 철 즙　요 관 죄 인　동 구 철 사

恆吐煙火　焚燒煮炙　脂膏焦燃
항 토 연 화　분 소 자 자　지 고 초 연

苦痛哀哉　難堪難忍。鉤竿槍槊
고 통 애 재　난 감 난 인　구 간 창 삭

鐵鏘鐵串　鐵槌鐵戟　劍樹刀輪
철 장 철 찬　철 퇴 철 극　검 수 도 륜

如雨如雲　空中而下　或斬或刺
여 우 여 운　공 중 이 하　혹 참 혹 자

苦罰罪人　歷劫受殃　無時暫歇。
고 벌 죄 인　역 겁 수 앙　무 시 잠 헐

又令更入　餘諸地獄　頭戴火盆
우 영 갱 입　여 제 지 옥　두 대 화 분

鐵車碾身 縱橫駛過 腸肚分裂 骨肉
철 거 연 신 종 횡 사 과 장 두 분 열 골 육

焦爛 一日之中 千生萬死。受如是
초 란 일 일 지 중 천 생 만 사 수 여 시

苦 皆因前身 五逆不孝 故獲斯罪。
고 개 인 전 신 오 역 불 효 고 획 사 죄

또 시뻘겋게 녹인 구리와 쇳물을 죄인의 입안에 붓고, 기다란 무쇠 뱀과 구리로 된 개가 연기와 불길을 뿜어대며 죄인들을 지지고 볶아 대는데, 처절한 그 고통은 참고 견디기가 어려운 것이다. 또 쇠 채찍과 쇠꼬챙이, 쇠망치, 쇠창살, 날카로운 칼들이 허공에서 비 오듯 구름처럼 쏟아져 죄인의 몸을 사정없이 때리고 베고 찌르는 고통을 오랜 세월 받게 되는데 잠시도 멈추는 법이 없다.

또 다른 지옥으로 들어가서는 머리에 시뻘건 화로를 이고 다니기도 하고, 몸이 무쇠 수레에 갈려 찢어지기도 하면서, 창자며 뼈와 살이 이리저리 흩어지며 불에 타기를 하루에도 천번 만번 거듭해야 한다. 이런 고통을 받는 것은 모두 전생에 오역죄와 불효를 저지른 죄 때문이니라."

爾時 大衆 聞佛所說 父母恩德
이 시 대 중 문 불 소 설 부 모 은 덕

垂淚悲泣 告於如來。
수 루 비 읍 고 어 여 래

我等今者 云何報得 父母深恩。
아 등 금 자 운 하 보 득 부 모 심 은

佛告弟子 欲得報恩 爲於父母
불 고 제 자 욕 득 보 은 위 어 부 모

造此經典 是眞報得 父母恩也。
조 차 경 전 시 진 보 득 부 모 은 야

그때 부처님께서 말씀하신 부모님의 은덕을 듣고 있던 대중은 심장을 도려내듯 구슬피 울면서 부처님께 사뢰었다.

"세존이시여, 이제 저희는 어떻게 해야 부모님의 깊은 은혜에 보답할 수 있겠습니까?"

"그대들이 그 은덕에 보답하려거든 부모님을 위하여 이 경전을 많이 만들어 널리 나누어야 하는데, 이것이 참으로 부모님의 은혜에 보답하는 길이니라."

能造一卷　得見一佛
능 조 일 권　득 견 일 불

能造十卷　得見十佛
능 조 십 권　득 견 십 불

能造百卷　得見百佛
능 조 백 권　득 견 백 불

能造千卷　得見千佛
능 조 천 권　득 견 천 불

能造萬卷　得見萬佛。
능 조 만 권　득 견 만 불

是等善人　造經力故　是諸佛等
시 등 선 인　조 경 력 고　시 제 불 등

常來慈護　立使其人　生身父母
상 래 자 호　입 사 기 인　생 신 부 모

得生天上　受諸快樂　離地獄苦。
득 생 천 상　수 제 쾌 락　이 지 옥 고

"한 권의 경전을 펴내면 한 분의 부처님을 뵙고, 열 권의 경전을 펴내면 열 분의 부처님을 뵐 수가 있다.

백 권의 경전을 펴내면 백 분의 부처님을 뵙고, 천 권의 경전을 펴면 천 분의 부처님을 뵈며, 만 권의 경전을 펴면 만 분의 부처님을 만나 뵐 수가 있다.

이 착한 사람은 경을 펴낸 공덕으로 모든 부처님이 항상 자비롭게 보호하며,

그들의 부모님은 천상에 태어나 온갖 즐거움을 누리면서 모든 지옥의 고통에서 영원히 벗어나게 되느니라."

爾時 阿難 及諸大衆 阿修羅 迦樓
이시 아난 급제대중 아수라 가루

羅 緊那羅 摩侯羅伽 人非人等 天
라 긴나라 마후라가 인비인등 천

龍夜叉 乾闥婆 及諸小王 轉輪聖
룡야차 건달바 급제소왕 전륜성

王 是諸大衆 聞佛所言 身毛皆豎
왕 시제대중 문불소언 신모개수

悲泣哽咽 不能自裁 各發願言。
비읍경열 불능자재 각발원언

我等 從今 盡未來際 寧碎此身 猶
아등 종금 진미래제 영쇄차신 유

如微塵 經百千劫 誓不違 於如來
여미진 경백천겁 서불위 어여래

聖敎。寧以鐵鉤 拔出其舌 長有由
성교 영이철구 발출기설 장유유

旬 鐵犁耕之 血流成河
순 철리경지 혈류성하

經百千劫 誓不違 於如來聖敎。
경백천겁 서불위 어여래성교

8. 부처님 앞에서 원력을 세워

이때 아난존자와 모든 대중 아수라, 가루라, 긴나라, 마후라가, 사람인 듯 아닌 듯한 중생, 천룡, 야차, 건달바, 모든 왕과 전륜성왕이 부처님 말씀을 듣고, 부모님 은혜를 갚는 길에 온갖 공덕이 있다는 사실에, 큰 기쁨의 눈물을 흘리면서 감동을 억누르지 못한 채 서로 각자 원력을 세우고 말하였다.

"저희는 이 세상이 다하도록 이 몸을 티끌처럼 잘게 부수어 가루로 만들지언정, 백천 겁의 세월이 흘러도 맹세코 여래의 성스러운 가르침에 어긋나지 않게 살겠습니다. 저희는 이 세상이 다하도록 쇠갈고리로 길게 혀를 뽑아 무쇠 쟁기로 늘어진 혓바닥을 갈아 핏물이 강물을 이룰지언정, 백천 겁의 세월이 흘러도 맹세코 여래의 성스러운 가르침에 어긋나지 않게 살겠습니다.

寧以百千刀輪
영이백천도륜

於自身中　自由出入
어자신중　자유출입

經百千劫　誓不違　於如來聖教。
경백천겁　서불위　어여래성교

寧以鐵網　周匝纏身
영이철망　주잡전신

經百千劫　誓不違　於如來聖教。
경백천겁　서불위　어여래성교

寧以剉碓　斬碎其身　百千萬段
영이좌대　참쇄기신　백천만단

皮肉筋骨　悉皆零落
피육근골　실개영락

經百千劫　終不違　於如來聖教。
경백천겁　종불위　어여래성교

저희는 이 세상이 다하도록 백천 개의 날카로운 칼로 이 몸을 잘게 썰어 토막을 낼지언정, 백천 겁의 세월이 흘러도 맹세코 여래의 성스러운 가르침에 어긋나지 않게 살겠습니다.

저희는 이 세상이 다하도록 시뻘건 무쇠 그물로 이 몸을 칭칭 동여맬지언정, 백천 겁의 세월이 흘러도 맹세코 여래의 성스러운 가르침에 어긋나지 않게 살겠습니다.

저희는 이 세상이 다하도록 작두와 방아로 이 몸을 자르고 부수어 백천 조각으로 살갗과 살덩이 및 근육 뼈가 모두 너덜너덜해질지언정, 백천 겁의 세월이 흘러도 맹세코 여래의 성스러운 가르침에 어긋나지 않게 살겠습니다."

爾時
이 시

阿難　從於坐中　安詳而起　白佛言
아 난　종 어 좌 중　안 상 이 기　백 불 언

世尊　此經　當何名之　云何奉持。
세 존　차 경　당 하 명 지　운 하 봉 지

佛告阿難　此經　名爲父母恩重難報
불 고 아 난　차 경　명 위 부 모 은 중 난 보

經。　以是名字　汝當奉持。
경　　이 시 명 자　여 당 봉 지

爾時　大衆　天人　阿修羅等
이 시　대 중　천 인　아 수 라 등

聞佛所說　皆大歡喜　信受奉行
문 불 소 설　개 대 환 희　신 수 봉 행

作禮而退。　·
작 례 이 퇴

9. 경의 이름을 알고 이 가르침을 실천해야 한다.

이때 아난존자가 자리에서 천천히 일어나 부처님께 사뢰었다.

"세존이시여, 이 경의 이름을 무엇이라 하며, 또 저희가 어떻게 받들어 지녀야 합니까?"

"이 경의 이름은 '부모님의 깊은 은혜는 다 갚기 어렵다는 부처님의 가르침'이니, 간략하게 『부모은중경』이라 해야 한다. 이 이름으로 그대들은 이 경전을 받들어 지녀야 하느니라."

이때 모든 대중 하늘 신, 인간, 아수라들이 부처님의 법문을 듣고, 모두 크게 기뻐하며 믿고 받아 지녀 그대로 실천할 것을 다짐하면서 예를 올리고 그 자리에서 물러났다.

▌회향문▐

      (   ) 사경 제자는

부처님 전에 사경을 마친 경전을 바칩니다.

경을 쓰는 이 공덕이 보살들의 뛰어난 삶

끝도 없이 뛰어난 복 온갖 공덕 회향하니

이 힘으로 원하건대 무명 속의 모든 중생

지금 바로 부처님의 극락정토 가옵소서.

        나무 석가모니불

        나무 석가모니불

        나무 시아본사 석가모니불

20   년   월   일 불제자   정례(頂禮)

정성껏 쓰신 사경을 활용하는 방법

1. 정성껏 쓰신 사경본은 본인이 지니고 독송용으로 소장하면서, 집안의 가보로 삼으셔도 됩니다.

2. 또한 사경본을 집안 식구나 가까운 친지 및 주변 도반들에게 법공양을 올려 부처님과 인연을 맺어주면 그 공덕으로, 뒷날 그들은 다시 험하고 나쁜 세상에 태어나지 않게 될 것입니다.

3. 육신을 벗어난 영가를 천도하기 위하여 쓰신 사경본은 사십구재나 기일을 택하여 그들의 극락왕생을 위한 의식을 행할 때, 소대가 있는 절에서 도솔천으로 공양을 올리기도 합니다.

4. 법당이나 성스러운 불상 또는 부처님의 탑을 조성할 때 복장용으로 안치한 사경본은, 오랜 세월이 흐른 뒤에도 정법을 이어주는 공덕이 있습니다.

원순 스님

해인사 백련암에서 성철 스님을 은사로 모시고 출가하여
해인사 송광사 통도사 봉암사 등 제방선원에서 정진하였다.
『명추회요』를 번역한 『마음을 바로 봅시다』『한글원각경』『육조단경』『선요』
『선가귀감』을 강설한 『선수행의 길잡이』등 다수의 불서를 펴냈으며
난해한 원효 스님의 『대승기신론 소별기』를 『큰 믿음을 일으키는 글』로 풀이하였다.
현재 송광사 인월암에서 안거 중.

부모은중경

초판 발행 │ 2023년 9월 15일
펴낸이 │ 열린 마음
풀어쓴 이 │ 원순

펴낸 곳 │ 도서출판 법공양
등록 │ 1999년 2월 2일·제1-a2441
주소 │ 13150 서울시 종로구 삼봉로 81
두산위브파빌리온 836호
전화 │ 02-734-9428
팩스 │ 02-6008-7024
이메일 │ dharmabooks@chol.com

ⓒ 원순, 2023
ISBN 979-11-92137-05-6

값 12,000원

원순 스님이 풀어쓰거나 강설한 책들

능엄경 1, 2   중생계는 중생의 망상으로 생겨났음을 일깨우며, 번뇌를 벗어나

부처님 마음자리로 들어가는 가르침과 능엄신주를 설한 경전

규봉스님 금강경   금강경을 논리적으로 풀어가고 있는

기존의 시각과 다른 새로운 금강경 해설서

부대사 금강경   경에 담긴 뜻을 부대사가 게송으로 풀어낸 책

야부스님 금강경   경의 골수를 선시로 풀어 가슴을 뚫는 문학적 가치가 높은 책

육조스님 금강경   금강경의 이치를 대중적으로 쉽게 풀어쓴 금강경 기본 해설서

종경스님 금강경   아름다운 게송으로 금강경 골수를 드러내는 명쾌한 해설서

함허스님 금강경   다섯 분의 금강경 풀이를 연결하여 꿰뚫어 보게 하면서

금강경의 전개를 파악하고 근본 가르침을 또렷이 알 수 있게

설명한 험허스님의 걸작

지장경   지장보살의 전생 이야기와 그분의 원력이 담긴 경전

연꽃법화경   모든 중생이 부처님이라는 혁신적인 내용을 담고 있으면서도

고전문학의 가치를 지닌 경전

연경별찬   설잠 김시습이 『연꽃법화경』을 찬탄하여 쓴 글

한글 원각경   함허득통 스님이 주해한 원각경을 알기 쉽게 풀어쓴 글

초발심자경문   이 세상 모든 사람을 위한 마음 닦는 글

치문 1·2·3권   생활 속에서 가까이 해야 할 선사들의 주옥같은 가르침

선가귀감   경전과 어록에서 선의 요점만 추려 엮은 '선 수행의 길잡이'

큰 믿음을 일으키는 글   불교 논서의 백미로 꼽히는 『대승기신론 소·별기』 번역서

마음을 바로 봅시다 上下   『종경록』 고갱이를 추린 『명추회요』 국내 최초 번역서

선요   선의 참뜻을 일반 불자들도 알 수 있도록 풀이한 글

몽산법어   간화선의 교과서로 불리는 간화선 지침서

禪 스승의 편지	선방 수좌들의 필독서, 대혜 스님의 『서장書狀』 바로 그 책
절요	'선禪의 종착지로 가는 길'을 알려주는 보조지눌 스님의 저서
진심직설	행복한 마음을 명료하게 설명해 주는 참마음 수행 지침서
선원제전집도서	선과 교의 전체 내용을 체계적으로 정리한 참 좋은 책
무문관	선의 종지로 들어갈 문이 따로 없으니 오직 화두만 참구할 뿐
정혜결사문	이 시대에 정혜결사의 뜻을 생각해 보게 하는 보조 스님의 명저
선문정로	퇴옹 성철 큰스님께서 전하시는 '선의 종착지는 어디인가?'
육조단경 덕이본	육조스님 일대기와 가르침을 극적으로 풀어낸 선종 으뜸 경전
돈오입도요문론	단숨에 깨달아 도에 들어가는 가르침을 잘 정리한 책
신심명·증도가	마음을 일깨워 주는 게송으로서 영원한 선 문학의 정수
한글 법보 염불집	불교 의식에 쓰는 어려운 한문 법요집의 뜻을 이해하고 염불할 수 있도록 아름다운 우리말로 풀어씀
돈오입도요문 강설	깨달음을 얻기 위하여 꼭 알아야 할 내용을 50여 개의 주제로 정리하여 문답식으로 설명하고 있는 돈오입도요문 강설본
신심명 강설	신심명 게송을 하나하나 알기 쉽게 풀어 선어록의 이해를 돕는 간결한 지침서
선禪 수행의 길잡이	선과 교를 하나로 쉽게 이해하는 『선가귀감』을 강설한 책
돈황법보단경 강설	육조스님 가르침을 간결하고 명료하게 담고 있는 책 저자의 강설이 실려 있어 깊은 뜻을 쉽게 이해할 수 있는 책

독송 및 사경본 _ 우리말 금강반야바라밀경 독송본과 사경본

              우리말 관세음보살보문품 독송본과 사경본

              약사유리광 칠불본원공덕경 독송본과 사경본

              보현행원품 사경본, 미륵경 독송본과 사경본

              초발심자경문 사경본

              부모은중경 우리말 독송 사경본